Come Here Go Further

培养学生的阅读习惯，引导学生爱读书、读好书、善读书，通过读书涵养精神、滋养生命，是广大教师的职责使命，也是中小学学校管理的重要内容。在英语阅读领域，通过分级阅读课程化培育积极的英语阅读者有着丰富的理论基础，且经过大量实践研究验证有效，是值得在学校推广的育人理念和路径。

张金秀

张金秀 等著

中小学英语分级阅读
课程化实践研究

外语教学与研究出版社
北京

图书在版编目 (CIP) 数据

中小学英语分级阅读课程化实践研究 ／ 张金秀等著. —— 北京 ：外语教学与研究出版社，2022.12
ISBN 978−7−5213−4023−5

Ⅰ. ①中… Ⅱ. ①张… Ⅲ. ①英语－阅读教学－教学研究－中小学
Ⅳ. ①G633.412

中国版本图书馆 CIP 数据核字 (2022) 第 192089 号

出 版 人　王　芳
策划编辑　刘秀玲　谭　源
责任编辑　边洪芹
责任校对　高　航
装帧设计　王　春
出版发行　外语教学与研究出版社
社　　址　北京市西三环北路 19 号（100089）
网　　址　http://www.fltrp.com
印　　刷　天津善印科技有限公司
开　　本　710×1000　1/16
印　　张　19
版　　次　2022 年 12 月第 1 版 2022 年 12 月第 1 次印刷
书　　号　ISBN 978-7-5213-4023-5
定　　价　68.00 元

购书咨询：（010）88819926　电子邮箱：club@fltrp.com
外研书店：https://waiyants.tmall.com
凡印刷、装订质量问题，请联系我社印制部
联系电话：（010）61207896　电子邮箱：zhijian@fltrp.com
凡侵权、盗版书籍线索，请联系我社法律事务部
举报电话：（010）88817519　电子邮箱：banquan@fltrp.com
物料号：340230001

记载人类文明
沟通世界文化
www.fltrp.com

前言

在以立德树人、学科育人为主线的国家基础教育课程改革的引导下，英语阅读从传统单纯"应对考试"的功利功能转向了"促进学生全面发展"的育人功能。《普通高中英语课程标准（2017 年版）》和《义务教育英语课程标准（2022 年版）》对高中、初中、小学学段分别提出了 30 万词、15 万词、4000~5000 词的课外阅读量要求。这就意味着教师在做好教材阅读教学的同时，要寻找适切的阅读材料、开展多样化的阅读活动，帮助学生拓展阅读，发展核心素养，实现学科育人。在这个背景下，分级阅读以其鲜明的育人优势进入人们的视野。首先，分级阅读是以人为本的阅读。分级阅读是匹配性阅读，师生选择适合本班学生阅读兴趣、英语阅读能力、认知特点、发展需求的读物开展阅读，能够解决因阅读材料过难或过易给学生带来的阅读畏惧或无成就感，激发学生的阅读兴趣，拉近学生和英语阅读之间的距离。其次，分级阅读是整本书的阅读。相对于教材的短小篇章阅读，分级阅读更倡导整本书阅读。无论是小学低年级的简单绘本，还是中学高年级的复杂章节书，更为多元的题材体裁、更为完整的主题内容、更为细致的文本结构、更为地道的语言表达，都有助于学生形成宽广的阅读格局、丰富的情境模型以及完整持续的阅读体验。再次，分级阅读是涉及学生多元语用活动的阅读。与传统教材篇章阅读中学生主要以做选择题或回答问题参与阅读过程不同，分级阅读倡导学生通过完成阅读反馈单、和作者对话、拼图阅读、批注式阅读、阅读圈、写作圈、读者剧场、跨界阅读、比较性阅读等以学生为主体的多元语用活动，以读促说，以读促写，以读促视听，充分发展综合语用能力。最后，分级阅读是给学生提供高质量思维模式的阅读。与篇章阅读有可能存在的思维单薄、思维断裂、思维杂乱等问题相比，分级阅读读物的大信息量、对事物发展前因后果的流畅叙写、对现实复杂人物关系的精准还原、对事物通过表象看本质的深度分析等为学生提供了高质量思维的营养和土壤，有助于丰富学生对自我、自然以及社会的认知。

笔者团队自 2015 年底进行分级阅读校本实践研究起，就一直在思考如何将分级阅读的育人价值最大化，经过几年的研究在英语分级阅读课程化实践方面形成了一些成果。研究过程中，笔者发现小学阶段是否进行过英语绘本阅读对初中生的英语阅读习惯和能力有一定影响，如，有过小学英语绘本阅读经验的学生倾向于容忍生词而持续阅读和理解大意，阅读效率较高；而没有小学英语绘本阅读经验的学生则倾向于边读边翻译，碰到生词就停下来查词，阅读效率较低。同时，有一些在初中有三年英语分级阅读经验的学生进入高中，当所在学校只提供教材篇章阅读体验时，又回来找初中老师给推荐适合高中生读的分级阅读读物。这些让笔者认识到英语分级阅读课程化小初高衔接、贯通实施的必要性和重要性。因此从 2018 年至今，笔者在北京教育学院支持下成立了"中小学生英语阅读素养发展研究"创新平台课题组，带领卓越教师工作室的优秀教师开展英语分级阅读课程化小初高贯通实施的实践研究，并形成了相关的研究成果。

当前我国各大出版社引进、编写了多个英语分级读物系列，为中小学开展分级阅读提供了重要的资源保障。但笔者发现分级阅读实践存在路径单一、缺乏整体规划、教学随意等问题。本书所提出的分级阅读课程化、中小学贯通实施等理念和策略能够帮助学校和一线教师从课程层面整体规划分级阅读，将其纳入学校课程体系中，协助教材阅读实现课程目标，提升育人质量。

本书第一章由张金秀撰写，第二章由张金秀、瞿丽、程岚、向瑞方撰写，第三章由徐国辉、李静、蔡琼、瞿丽、曾雯、王健、郑瑾撰写，第四章由国红延、刘丹、向瑞方撰写，第五章由国红延、刘丹、向瑞方、瞿丽、王健等撰写。

这本书在写作和出版过程中，得到了很多领导、专家和朋友的支持和帮助。北京教育学院原副院长钟祖荣教授、副院长汤丰林教授、科研处处长李雯教授等组织多次专家论证会，对书稿从框架到内容都提出了很多专业的建议。北师大孙晓慧博士、首师大赵连杰博士从同行角度对书稿框架进行了优化和完善。创新平台的各位同事，如徐国辉副教授、国红延博士，多次与笔者研讨书稿内容的优化，确保精品。卓越教师工作室的各位老师在学校践行分级阅读课程化理念，并牺牲寒暑假时间进行写作，几易其稿。外语教学与研究出版社的编辑多次参加书稿讨论会，从编辑的角度贡献了很多很好的建议。笔者带的硕士研究生张燕茹同学帮忙做了书稿校正。正是在上述所有人的集体智慧、协作和努力下，本书从起初的 20 万字精简到现在的 14 万字，将课题组多年研究精华呈献给读者朋友，希望为提升英语阅读育人水平作出贡献。

小初高贯通实施的英语分级阅读课程化建构是一个复杂的系统工程，

需要更多学校、更多同行用更长的时间来丰富其理论建构和实践操作。笔者团队的研究因为水平所限，仍有很多需要完善和补充的地方，还请广大同行不吝赐教。希望这本书的出版能够吸引更多的同行加入英语分级阅读的研究和实践中，形成更多更好的成果。

张金秀

2022 年 12 月于北京

Contents | 目录

第一章　导论

第一节　中小学英语分级阅读课程化的背景与意义 4

一、国际英语阅读观的前沿发展 4

二、国内英语阅读观的前沿发展 7

三、积极阅读者导向的阅读素养对中小学英语阅读

　　课程重构的启示 10

第二节　英语分级阅读课程化的基本概念和理论基础 13

一、分级阅读课程化的概念与内涵 13

二、分级阅读课程化在培养积极阅读者方面的优势 19

三、分级阅读课程化的理论基础 22

第三节　英语分级阅读课程化的实施理念 27

一、英语分级阅读课程化的价值取向：育人为本 27

二、英语分级阅读课程化的内容建构：精选读物 29

三、英语分级阅读课程化的实施路径：精泛结合 33

四、英语分级阅读课程化的评价要点：以评促学 35

第二章　中小学英语分级阅读课程化校本建构实践

第一节　概述 39

一、营造英语阅读文化，发挥隐性课程的育人功效 39

二、灵活运用 MEI 分级阅读指导框架，激发学生阅读活力........41

三、应用多种教学工具，为学生实施分级阅读提供支架...........43

第二节　小学英语分级阅读课程化校本实践

　　　　　——以北大附小石景山学校为例 45

一、分级阅读课程化建构背景..45

二、课程目标 50

三、课程内容 52

四、课程组织实施 53

五、课程评价 59

第三节　初中英语分级阅读课程化校本实践

　　　　　——以人大附中通州校区为例 62

一、分级阅读课程化建构背景..62

二、课程目标 69

三、课程内容 71

四、课程组织实施 73

五、课程评价 83

第四节　高中英语分级阅读课程化校本实践

　　　　　——以北京二中为例 89

一、分级阅读课程化建构背景..89

二、课程目标 91

三、课程内容 92

四、课程组织实施 100

五、课程评价 106

六、结语 109

第三章　英语分级阅读课程化精读教学

第一节　概述 113

一、核心概念及教育价值 113

二、精读课程的关键问题 114

第二节　虚构类整本书精读教学策略 118

小故事大启迪——小学英语虚构类绘本教学案例 118

一、绘本内容介绍与分析 118

二、教学策略 119

三、教学效果与反思 131

导、视、探、品——中学英语虚构类章节书教学案例 135

一、章节书内容介绍与分析 135

二、教学策略 136

三、教学效果与反思 143

第三节　非虚构类整本书精读教学策略 145

人文百科探奇——小学英语非虚构类绘本教学案例 145

一、绘本内容介绍与分析 145

二、教学策略 146

三、教学效果与反思 155

太空探秘——中学英语非虚构类章节书教学案例 158

一、章节书内容介绍与分析 158

二、教学策略 159

三、教学效果与反思 167

第四节 短篇小说精读教学策略 **170**

品读经典——中学短篇小说教学案例 170

一、短篇小说内容介绍与分析 170

二、教学策略 171

三、教学效果与反思 179

第五节 时文精读教学策略 **182**

学术阅读——高中时文阅读教学案例 182

一、时文内容简介与分析 182

二、教学策略 183

三、教学效果与反思 192

第四章 英语分级阅读课程化自由泛读指导

第一节 概述 **197**

一、自由泛读的概念界定与教育价值 197

二、教师组织自由泛读的关键问题 198

第二节　阅读环境创设..200

一、指导选书策略... 200

二、指导实施过程及自主规划.............................. 202

三、组织多元读后分享活动................................... 209

第三节　导读手册的设计和使用...............................216

一、自由泛读导读手册的设计原则.....................216

二、小学阶段自由泛读导读手册的设计与使用 217

三、中学阶段自由泛读导读手册的设计与使用 220

第四节　自由泛读的评价 233

一、过程性评价 234

二、表现性评价 236

三、终结性评价 247

第五章　英语分级阅读课程化中的师生发展

第一节　概述 253

第二节　积极阅读者成长个案....................................254

一、小学生分级阅读成长案例................................. 255

二、初中生分级阅读成长案例................................. 260

三、高中生分级阅读成长案例................................. 264

第三节　课程参与教师发展个案................................273

一、春风助我行万里——分级阅读课程助推我校英语学科建设

（北京二中向瑞方老师）................................. 273

二、体会分级阅读的魅力，践行积极阅读者的理念

　　（北京市八一学校刘丹老师）.............................. 276

三、与生同行——走在成长为积极阅读者的路上

　　（北京学校杨阳老师）.................................. 278

参考文献..**281**

第一章

导论

　　在基础教育阶段的英语教学中，阅读因其在学生的语言发展、测试评估以及全人发展中的重要性受到学校师生的一致关注。对教师而言，阅读课是中学英语课程体系中占比最大的课型。对学生而言，阅读以及围绕阅读所做的练习活动也占用了较多的学习时间。但当前阅读教学的模式和效果方面存在的问题较多（葛炳芳，2012；王蔷，2016），如过于重视技能培养，忽略人的发展，碎片化阅读，阅读教学模式僵化等，阅读教学的改进成为英语教学研究者和实践者最关注的问题之一。从文献来看，对阅读教学的改进思考多聚焦选材文本分析、课堂活动优化设计、技能整合等课堂教学策略，为教师进行阅读教学微观层面的改进提供了参考和借鉴。同时，随着《普通高中英语课程标准（2017 年版）》（中华人民共和国教育部，2018）的发布，国家对深化基础教育课程改革进行了新的顶层设计，学科核心素养成为热词，为一线教师进行英语教育教学宏观层面的改进提供了思路，如围绕语言能力、文化意识、思维品质和学习能力对学生进行学科素养的综合培养。但一线教师普遍提出了一个问题"核心素养如何落地"，即以什么样的路径实现对学生核心素养的培养。有学者（罗祖兵，2017）指出，核心素养只回答了"培养什么人"的问题，并对"怎样培养人"提出了要求，但它本身不解决这一问题，教师需要结合学科知识进行教学转化。

　　要落实这些新的课程观念，教师需要结合国内外最新的英语教学研究成果改进和创新固有的教与学。在阅读教学领域，以积极阅读者为育人导向的分级阅读在国内外受到了研究界和实践界的一致认可。同时，国内各大出版社引进或编写的分级阅读读物也为广大中小学英语教师实施分级阅读提供了资源保障。笔者带领团队于 2015 年底至今分别在六所学校做了为期七年的分级阅读课程化实践探索，其中两所小学、两所初中、两所高中，均取得了较好的育人效果。

本章分为三节，第一节重点阐述分级阅读课程化的背景与意义，第二节对英语分级阅读课程化的概念界定、理论基础进行梳理评述，第三节结合团队实践经验提炼分级阅读课程化的实施理念。本章遵循的是为什么要做分级阅读课程化、什么是分级阅读课程化、如何实施分级阅读课程化这三个层层递进的思维和叙述逻辑。

第一节　中小学英语分级阅读课程化的背景与意义

很多一线教师对分级阅读的理解仍停留在阅读素材层面，认为分级阅读就是在常规阅读教学之外，选择一种分级阅读读物让学生阅读；对于分级阅读课程化更是缺乏理性自觉，导致很多学校的英语分级阅读停留在随意、无序、低效的状态。但实际上，分级阅读课程化是随着国内外阅读观、育人观、阅读教学观的前沿发展而进入中小学课堂的，有着丰厚的学理基础。

一、国际英语阅读观的前沿发展

由于其重要性，阅读始终是国际教育界研究的热点话题。下面笔者结合文献对国际阅读观的重要发展趋势做简要梳理，即三个转变。

（一）术语的转变：从"阅读"转向"阅读素养"

随着研究的深入，国际上对于阅读这一概念的理解不断发生着变化，最近一次变化更是将表达阅读的术语从"阅读"转变为"阅读素养"。经济合作与发展组织（Organisation for Economic Co-operation and Development，简称 OECD）从 2000 年开始在国际学生评估项目（Programme for International Student Assessment，简称 PISA）测试中用"阅读素养"代替"阅读"，强调读者对阅读的积极投入，并不断丰富着阅读素养的内涵。其 2018 PISA 测试框架中将阅读素养界定为"人们为了达成目标、拓展知识、开发潜能以及参与社会，理解、运用、评判、反思文本并积极与文本进行互动的能力"（OECD，2016）。2016 年，美国学者 Frankel 等人也提出应该用"阅读素养"一词替换传统的"阅读"，并对阅读素养进行了以下界定："阅读者在社会应用情境下，通过与多模态文本的互动，利用阅读、写作及口头语言去提取、建构、整合以及评判信息的过程"（Frankel et al.，2016）。

学界对这一概念的界定和拓展体现了人们对阅读的理解的四个变化。首先，阅读素养不仅仅涉及被动的输入，同时也是一个积极的输出过程（例如说和写）。其次，阅读发生在社会应用情境中，读者对文本意义的建构离不开对文本所呈现的世界的社会、文化、历史等意义的建构。再次，除技能外，阅读中的情感要素也同样重要，如阅读习惯、阅读体验等。最后，超越书面语言的多模态文本为阅读素养的发展带来独特的复杂性和可能性。如多模态文本下影像、声音和动作等的意义与传统的书面语言的意义可能是不一样的。

（二）语用的转变：从单一输入到基于输入而重在输出

Schoenbach 等人在《为理解力而阅读》一书对阅读所涉及的语用

能力有所分析，提出"阅读是一个涉及解码、理解和解读的复杂过程"（Schoenbach et al., 1999），显然更为重视解码和理解这两项输入性语用能力。PISA 阅读测试近年来的发展趋势体现出这类评估项目在阅读语用观方面的转变，即更加重视阅读主体能动性的发挥，从偏重"输入性接受"转变为强调"输出性表达"。新的阅读语用观认为，阅读本身不是目的，而是走向更高级语用活动的必经台阶，对文本信息的认知、理解、归纳等固然是阅读能力最基础的部分，但更重要的是阅读主体对所接收信息的独立反思及在此基础上所做的自主性和批判性表达。在阅读中，学生并非机械地、被动地接受文本信息的输入，进行理解、记忆和储存，而是持续地调动自己的已有知识和经验与文本、文本所表达的世界建立起价值联系。在这个过程中，学生通过积极思考来"转化"语用能力，从输入到输出，将对文本信息的提取和加工转化为体现基于文本信息独立思考的自觉意识和自主表达。

（三）意义建构方式的转变：从个体建构转向社会性对话式建构

阅读是读者基于文本和已有知识及经验建构新意义的过程，这已成为学界对于阅读本质的共识。但传统阅读观中的意义建构较为强调阅读的个体性和缄默性。受巴赫金的对话理论以及维果斯基的社会建构主义理论的影响，新的阅读素养概念强调意义建构的社会应用情境，认为阅读是读者与文本、读者与作者、读者与他人、读者与自己交流互动、在对话中建构意义的过程（Fecho et al., 2012）。巴赫金认为阅读理解是与阅读反馈相联系的，通过反馈产生意义。一次点头、一句惊叹、一个涂画、一场讨论都是对阅读的反馈。

上述三项转变对我国反思和改进中小学英语阅读教学、从阅读素养层面进行阅读课程重构具有重要的借鉴意义。

二、国内英语阅读观的前沿发展

王蔷、敖娜仁图雅（2015）根据国外阅读素养的概念和内涵以及我国中小学生的英语学习特点，提出了中国中小学生外语阅读素养理论框架。在此基础上，王蔷、陈则航（2016）提出了中国中小学生英语阅读素养发展目标理论框架。根据该框架，英语阅读素养包括"阅读能力"和"阅读品格"两大要素，阅读能力由解码能力、语言知识、阅读理解、文化意识四方面构成，而阅读品格包含阅读习惯和阅读体验。这一框架将抽象的阅读素养概念解析为具体的知识、能力、信念、态度等，为素养落实提供了实践抓手。同时，对阅读品格的强调也克服了传统阅读教学重能力培养、轻动机情感的弊病，体现了语言的发展为的是人的成长这一教育终极目标。

但从国际阅读素养的概念和内涵的变化来看，这一框架对学生英语阅读素养的描述还不够完善，特别是对学生所需具备的阅读关键能力有所缺项，缺乏阅读素养中重要的输出性表达能力。同时，应该把培养什么样的阅读者作为思考阅读素养的逻辑起点，建立起阅读者和阅读素养之间的互动关系，引导一线教师在培养学生阅读素养的过程中不忘初心，保持对人的关注。

哈佛学者 Chall（1996）提出母语阅读可分为六个发展阶段：前阅读阶段（0~6 岁）、解码识字期（6~7 岁）、流畅期（7~8 岁）、阅读新知期（9~14 岁）、多元观点期（14~18 岁）、建构和重建期（18 岁以上）。同时，Chall 将这六个阶段分为两个时期，前三个阶段为"学习阅读"时期，后三个阶段为"从阅读中学习"时期。英语阅读在我国属于外语阅读，比母语阅读的发展要滞后，且因为英语学习投入不同而存在着巨大的个体差异。中小学阶段的学生很可能处于从解码识字期到多元观点期的不同阶段，既涉及学习阅读，也涉及从阅读中学习。提到阅读者，学术界带有二元论色彩的术语很多，如熟练阅读者和非熟练阅读者，独立阅读者和依赖阅读者，成功阅读者和失败阅读者，流畅阅读者和非流畅阅读者，以及好的阅读者和差的阅读者等（Pang，2008）。这些概念界定都是对阅读者最终结果性的描述，且偏重能力。近些年来，积极阅读者或者积极阅读这一概念受到了学者的关注（Rubin，2009；Cees，2012）。Rubin 将积极阅读者定义为"拥有广泛的阅读兴趣和良好的阅读行为的阅读者"。积极阅读者具有四个能力特征——在阅读过程中进行意义建构，使用好的阅读策略，会选择读物，进行广泛阅读。笔者认为这一概念界定涵盖了对阅读者内在兴趣动机和外在阅读行为能力的关照，同时兼顾阅读者的过程性和结果性发展，符合我国中小学生外语阅读素养发展定位。

在借鉴上述概念的基础上，笔者将基础教育阶段中小学生的英语阅读素养发展目标定位为"培养积极阅读者"，将其阅读素养界定为"学生为了适应自身发展和社会需要，通过与多模态文本的积极互动，解码、理解和表达意义所需要的必备品格和关键能力"。基于这样的概念界定，笔者认为可以将中小学生英语阅读素养理论框架修改为如下：将积极阅读者作为上位概念，由此引申其阅读素养，该素养包括阅读品格和阅读能力两个维度，其中阅读品格包含阅读习惯和阅读体验两个要素，阅读能力包括解码能力、理解能力和表达能力三个要素。具体框架见图 1.1。

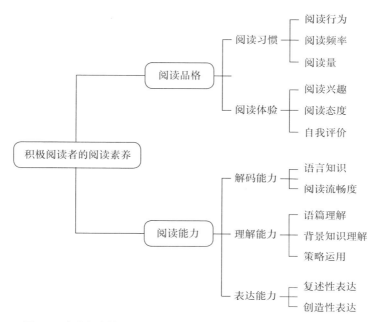

图 1.1　中小学生英语阅读素养理论框架（改编自王蔷、陈则航，2016）

　　从上图中可以看出，阅读素养首先强调良好的阅读品格的培养。积极稳定的阅读习惯和丰富美好的阅读体验有助于学生形成终身受益的阅读品格，提升阅读自信和阅读动机。阅读能力包括互为基础、逐层递进的三种能力，即解码能力、理解能力以及表达能力。根据 Gale（2005）从全语言观的角度对解码能力的解释，笔者并未将解码能力局限于对词语音形意的识别，而是强调学生综合运用语言知识识别句意、同时兼顾阅读流畅度的过程。理解能力包括语篇理解、背景知识理解以及策略运用能力，强调读者利用语篇知识、背景知识以及阅读策略实现文本理解的过程。表达能力则根据学生阅读后输出的程度进行划分，分为对阅读中所获得的信息情感等在同一情境下进行复述性表达的能力和将阅读中所获得的信息情感等迁移应用到新的情境，整合文本信息和个人经验进行创造性表达的能力。

三、积极阅读者导向的阅读素养对中小学英语阅读课程重构的启示

以培养积极阅读者为育人导向进行阅读课程的优化改进，有利于引导教师在课程观上实现从阅读教学向阅读教育的转变，从强调技能培养转向强调育人，通过阅读课程培育情感、认知、技能、行为同步发展的积极阅读者。具体而言，培养积极阅读者的育人导向对阅读课程重构提出了以下四方面要求。

（一）从培养积极阅读者视角重构阅读课程价值

从培养积极阅读者视角重构阅读课程价值，需要教师在教育教学过程中关注"人"的成长，重视对阅读课程的长期规划，"从重视词汇识别的一秒钟阅读，到重视篇章理解的一分钟阅读，进而到重视积极阅读者培养的一年阅读"（Carver，1997）。积极阅读者培养视域下英语阅读课程在促进学生发展方面要体现以下价值导向。首先，培育积极的阅读情感。积极的阅读情感是指学生积极的阅读兴趣、良好的阅读习惯、对自己阅读能力的积极评估等。有研究表明，阅读情感因素会影响学生的阅读行为和阅读能力（Schiefele，2009）。其次，学习有效的阅读策略。外语阅读策略可包括认知策略和元认知策略。阅读认知策略是指直接促进阅读理解的策略，如预测、猜词义、跳读、寻读等。元认知策略是指对认知策略的规划、监控、效果评估以及修正，如知道对于何种文体应该采用什么样的阅读策略。随着对阅读研究的深入，有学者指出元认知策略对学生的发展更为重要（Lems et al.，2010）。再次，实现文本意义建构。积极阅读者重视积极调动多种方

式实现对文本意义的建构，即对文本意义的理解和表达。在意义建构过程中，学生通过积极思考来转化语用能力，从单纯的阅读输入转向意义输出，将对文本信息的提取和加工转化为体现基于文本信息独立思考的自觉意识和自主表达。最后，形成广泛的阅读视野。在中学英语阅读由"学习阅读"向"从阅读中学习"的转变中，多领域的阅读内容、多样化的文本类型是积极阅读者养成的必备条件。除了常见的故事题材，学生要通过阅读科普、传记、地图等多类型文本，拓宽阅读视野。

（二）课内外结合重构阅读课程内容

阅读课程内容的重构意味着围绕阅读教育目标对阅读课程资源进行重组。传统阅读技能导向的阅读课程资源主要由教材和阅读习题集组成，存在碎片化、应试化的问题。积极阅读者导向的阅读课程资源应该是丰富完整的，能够承载上述四方面课程价值。教师需要根据促进积极阅读者发展的课程导向重组课内外阅读资源。这里的课内外结合既包括阅读物理空间即课堂内外阅读的结合，也包括阅读材料即教材篇章与教材以外的其他阅读材料的结合。阅读资源重组则既包括显性资源即阅读材料的重新选编，如根据教材文本主题补充系列化的阅读材料，也包括隐性资源即学校英语图书的配备等英语阅读文化的营造，如引进适合学生认知水平和阅读兴趣的分级图书，在学校设置英语图书室或在教室建立英语图书角等，营造学生有书可读、有时间读、享受阅读乐趣的英语阅读氛围。

（三）多路径重构对话式阅读课程实施

课程实施是有效利用课程资源实现课程价值的关键环节。积极阅读者导向的阅读课程强调意义建构，而对话是意义建构的有效方式，同时有效对话具有情境性、经验性和个人性的特征。教师要改进传统机械化、程序化、以教师讲授为主导的单一性阅读教学实施方式，尊重学生的个体差异和学生在阅读中的主体性作用，通过多种路径实施以学生为主、教师为辅的对话式阅读课程。这些路径包括教材阅读与非教材阅读结合、精泛读结合、集体阅读与个性化阅读结合、读说／读写结合、阅读能力测试与阅读成果展示结合等。教师要做好课程实施整体规划以及具体阅读活动设计，灵活运用这些路径创设多样化的阅读情境，丰富学生的阅读体验，激发学生的阅读活力，促进学生与阅读文本之间、学生与自我之间、学生与学生之间、学生与教师之间、语言与思维之间的多维度对话，实现课程目标。

（四）多角度重构过程性阅读课程评价

传统的阅读课程评价往往通过终结性的阅读理解测试来评价学生的阅读技能以及阅读课程的有效性。积极阅读者培养视域下的阅读课程提倡过程性课程评价，通过多角度评价指导教师关注学生向积极阅读者发展的过程和结果，进而灵活调整课程的设计和实施。第一个角度是对学生阅读情感的过程性评价，包括对学生阅读习惯、阅读体验等的评价，可通过对学生阅读量的记录、阅读行为的观察、微调查、访谈等方式定量定性结合进行。第二个角度是对学生阅读策略运用、特别是元认知策略运用的过程性评价，可以通过教师观察评定、学生阅读策略自我报告等方式进行。第三个角度是对学生阅读意义建构的过程性评价。对学生意义建构的评价要走出以往只重视阅读理解、忽视阅读表达的误区，通过对学生的读后作品进行分析和反馈，激励学生进行基于意义建构的个性化表达。第四个角度是对学生阅读视野的过程性评价，主要看学生阅读的文本类型，防止学生出现阅读偏好固化现象。在进行以上四个角度的评价时，教师都要以发展的眼光看待评价结果，即不以某一次评价评判学生的发展，而是尊重学生的差异性发展，同时相信和鼓励学生发展的无限可能。

综上所述，培养积极阅读者的育人导向对英语阅读课程提出了新的要求，教师要从以往以文本为中心的阅读教学向以学生为主体的阅读教育转变，创新现有的课程形态，提高阅读课程质量和育人水平。

第二节　英语分级阅读课程化的基本概念和理论基础

从国际视角来看，利用精心挑选的分级读物来满足读者的发展需求已经成为国外母语阅读教学中一个重要的流行趋势（Glasswell & Ford，2010），分级阅读在英语作为二语和外语学习方面的积极作用也已得到学者的研究证实（Claridge，2011；Wan-a-rom，2012）。

一、分级阅读课程化的概念与内涵

（一）概念界定

1. 分级阅读

分级阅读是指读者根据自己的语言水平、认知特点、阅读兴趣等，选择适合的阶梯式系列读物进行阅读的理念和方法。分级阅读源于美国，在西方国家少年儿童英语母语阅读以及英语作为二语阅读的领域十分盛行，已经形成了较为成熟的多种分级阅读体系，如 A － Z 分级阅读、年级分级阅读、蓝思分级阅读，以及彩虹分级阅读等。无论哪种分级阅读体系，其核心本质是为读者找到合适的读物进行进阶式阅读。分级阅读尊重学生的阅读能力差异、允许学生根据阅读兴趣自主选材，对于实现以学生为主体的阅读教育文化、创新人才培养模式、提高阅读教育成效有着重要的借鉴意义。

2. 分级阅读课程化

课程 Curriculum 一词源于拉丁文，初始含义是"跑道"，后发展为"学生学习的路线、学习的进程"，也可用"学程"概括。学界对课程的理解不尽相同，但随着"课程是教材"狭义课程观向"课程是经验"广义课程观的转变，对一线教师而言，课程是教师为达到教育目的，所计划并指导学生的所有学习经验（黄光雄、蔡清田，2017）。分级阅读课程化是指教师将分级阅读纳入学校阅读课程体系中，从课程目标、课程内容、课程实施、课程评价进行整体设计，通过把国家规定的教材阅读教学和校本分级阅读教学相结合，在阅读课程内实现课程目标的过程。这一概念强调了教师在学生开展分级阅读方面的规划和指导作用。

（二）分级阅读国外体系介绍和国内研究现状

1. 分级阅读国外体系介绍

分级阅读在美国有近 200 年的历史，已经发展得相对成熟，拥有完善、多样的分级方式与分级标准。其中既有政府资助研发的标准，也有社会团体、出版社或个人研发的标准。

分级阅读的理念被学校和社会普遍认可。很多中小学校采用图书阅读计划，设立阅读能力培养目标和形成性评价体系，开设课程对学生进行阅读指导，并建立自己的分级阅读数据库，按照阅读项目的推荐采购图书。各类售书网站采用分级理念对图书进行分类，知名出版社也会在书的封底标注读物级别供教师或家长参考。

美国的分级方式总体来说多种多样，各具特色，并相互补充。大致可以分为字母表体系、年级体系、数字体系。字母表体系如较为流行的指导性阅读分级体系（Guided Reading Level，简称 GRL），即按照 26 个字母的顺序将图书分成 26 级，A – Z 难度依次提升；年级分级体系（Grade Equivalent Level，简称 GEL），根据年级、年龄判断学生应有的阅读水平；数字体系，如蓝思（Lexile）、阅读发展评价体系（Developmental Reading Assessment，简称 DRA）、阅读校正体系（Reading Recovery，简称 RR）、阅读数量分级体系（Reading Counts Level，简称 RC）、阅读能力等级计划（Degrees of Reading Power，简称 DRP）等，都采用数值对阅读能力量化计分，通过测验分数确定学生的阅读水平。另外，近几年出现的常识媒体（Common Sense Media）采用星号、颜色等对图书粗略评级。

英国的分级阅读体系相比美国较为简单，主要使用彩虹分级法，用 12 种颜色标识读物适合的年龄段，如牛津树系列读物。

2. 分级阅读国内研究现状

我国英语分级阅读的研究起步较晚，台湾和香港地区最先于 20 世纪末引进国外的分级阅读理念，截至目前也就只有二十多年的研究历史。大陆（内地）自 21 世纪初才开始对英语分级阅读的研究。笔者于 2021 年 5 月 15 日以中国知网（CNKI）中期刊和硕博士论文两个数据库为基础数据源，以"英语分级阅读"为关键词进行全库检索，共获得文献 272 篇，具体信息见下图 1.2。

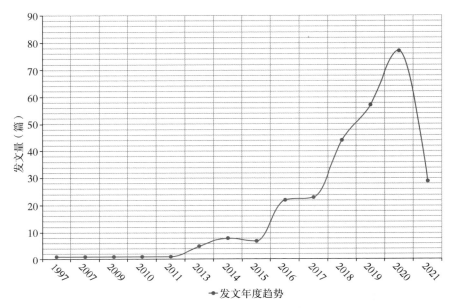

图 1.2　英语分级阅读文献数量分布图

　　结合北师大王蔷教授团队关于英语分级阅读的专著（王蔷、陈则航，2016；王蔷等，2017；王蔷，2021），以及国内各大出版社引进或编写的中小学英语分级读物来看，国内英语分级阅读迄今为止经历了两个阶段。一是译介和初步探索阶段（1997 年—2013 年），这一阶段主要是对国外分级阅读理念和读物进行介绍（罗德红、余婧，2013）。值得注意的是，2001 至 2009 年，北京师范大学认知神经科学与学习国家重点实验室攀登英语项目组组织全国多所实验校利用国内首套小学英语分级阅读读物"攀登英语阅读系列"开展小学英语教育实验。但该项目组的研究更多是从教育实验的设计和实施角度开展，并未从分级阅读角度开展深入研究（王文静、董奇，2007；王文静等，2008，2009）。

第二个阶段是成长发展阶段（2015 年至今）。教育部义务教育英语课程标准修订组组长王蔷教授领衔的研究团队于 2016 年出版《中国中小学生英语分级阅读标准（实验稿）》（王蔷、陈则航，2016）。该书基于中小学生英语阅读素养框架，将中国中小学生英语分级阅读分为起步、进阶、精进三个台阶，并对每一段的学生发展目标和读物特征做了细致阐述，为教师根据学生已有阅读能力选择分级读物提供了依据。在这本书的引导下，英语分级阅读成为中小学英语教育研究和实践的前沿热点。同时，国内各出版社陆续引进或研发了各类适用于学校教学的中小学英语分级读物。王蔷教授团队在后来出版的《小学英语分级阅读教学：意义、内涵与途径》（王蔷等，2017）以及《外研社·英语分级阅读教学指南》（王蔷，2021）中为教师开展分级阅读教学提供了具体方法和操作策略。但该团队所开展的英语分级阅读教学研究更多是针对教学层面、教师层面以及课堂层面，并未从学校层面、课程层面开展深入研究。

笔者团队于 2016 年—2018 年在北京市三所初中校开展了为期三年的英语分级阅读校本研究，2017 年—2019 年在北京市某教育薄弱地区开展了为期三年的英语分级阅读实践研究，2018 年至今带领卓越教师工作室教师开展小、初、高贯通式英语分级阅读校本研究。七年的实践研究使笔者团队在学校层面、课程层面、教学层面均形成了较为丰富的研究成果。

（三）分级阅读中的两组概念辨析

1. 分级阅读与课外阅读

比起分级阅读，课外阅读是教师更加熟悉的话语体系。我国《全日制义务教育普通高级中学英语课程标准（实验稿）》（中华人民共和国教育部，2001）规定五级要达到 15 万词以上的课外阅读量，八级要达到 36 万词以上的课外阅读量。在课标引导下，开展课外阅读已经成为教师的共识。笔者在 2017 年对北京市 683 名中学英语教师所做的调研中发现，96.6% 的教师认为有必要开展课外阅读，84.9% 的教师至少每周开展一次课外阅读。但当前课外阅读效果并不尽如人意，调研中 86% 的教师认为学生的课外阅读量未能达到课标要求。而教师提出的开展课外阅读的困难排在前两位的分别是学生没有时间阅读，以及找不到适合的读物。笔者经过长期教研观察，发现学生阅读量不达标以及没有时间进行课外阅读的原因之一是教师将"课外阅读"狭义理解为课堂以外进行的阅读，因而重视不够。实际上，"课外阅读是相对于教科书学习而言的读书活动"（寿永明，2007），所有非教材课文的阅读都可称为课外阅读，因此课外阅读可以在课堂内外进行，而且应该纳入英语课程，在课程内实现课程目标。传统课外阅读的另外一个困境是阅读材料的选择。教师大多根据获取材料的方便程度进行选择，如报纸期刊文章、原版小说、互联网文章、阅读题集等，忽视了对阅读主体，即学生的阅读能力、阅读兴趣的关注。

而分级阅读体系有自己的将学生阅读能力与读物难度相匹配的分级系统和题材体裁众多的分级读物，为教师和学生选择读物提供了可操作化依据。如美国蓝思分级阅读体系，可测试学生的阅读能力蓝思值，并测算读物的蓝思值，如阅读能力蓝思值为 330L（L 是 Lexile 的缩写，是一个数字计量单位，难度范围为 0L~1700L，数字越小表示读者阅读能力或读物难度越低，反之则表示读者阅读能力或读物难度越高）的学生可选择蓝思值为 330L 左右、不同主题的书籍进行阅读。因此，分级阅读是传统课堂阅读的升级版，是真正以学生为中心的课外阅读。

2. 分级阅读中的精读和泛读

在母语阅读领域，分级阅读本质上是学生泛读，鼓励学生通过大量阅读难度和兴趣适度的书形成良好的阅读习惯、提高阅读流畅度、拓展阅读宽度和广度。但在英语作为外语的阅读领域，笔者团队在实践研究中发现，如果只以泛读的方式指导学生进行分级阅读，学生对文本的理解深度、语言的习得程度、阅读策略的获取能力等都将大打折扣，学生读后大多只能用模糊的语言复述文本的表层信息，无法将阅读所得纳入自己的知识结构体系和语言体系。因此笔者团队倡导教师使用精泛结合的方式，即首先指导学生通过五指原则[①]选择适合自己语言能力的书籍进行自由泛读，保证阅读量，实现阅读马太效应[②]的最大化。同时，也要选择分级读物中的某些优质文本指导学生进行共读书课堂精读，通过课堂指导性阅读和师生、生生意义共建的方式对学生进行阅读深度和阅读策略方面的指导，并设计多样化的基于文本和学生生活经验的语言运用活动，提高学生阅读的质量。

二、分级阅读课程化在培养积极阅读者方面的优势

分级阅读课程化对于实现积极阅读者导向的阅读课程具有以下优势。

（一）以积极阅读情感发展带动阅读课程目标的整体实现

在传统阅读课程中，无论是对日常课堂中的教材阅读，还是对考试情境中的阅读测试，学生都存在一定程度的阅读恐惧和焦虑，再加上教材文本难度的不可控和篇章类型的单一降低了学生主动阅读的

---

① 详见第一章第三节
② 详见第二章第一节

动机，很难培养积极的阅读情感。将分级阅读纳入课程体系能够较好地解决这个问题。在分级阅读中，学生的语言能力与阅读材料的文本难度能够得到较好的匹配，学生可以自由选择阅读书籍、阅读时间以及阅读速度开展个性化阅读，并且学生可以读到多样化的分级阅读材料。这些都有利于激发学生的阅读兴趣，丰富学生的阅读体验，增强学生的阅读自信。美国阅读专家 Stephen Krashen（2004）经研究指出："阅读态度的变化是分级阅读项目最令人印象深刻的发现。"同时，笔者针对 428 名初中生进行的为期一年的分级阅读实践研究结果显示，研究班学生人均阅读 87.23 本英语原版书，人均有效阅读次数为 54,084.3，70% 的学生实现了从很少读英语原版书到敢于读英语原版书的突破。在阅读习惯上，79.95% 的学生形成了每周阅读四次英语原版书的习惯，其中又有 30% 的学生能够坚持每天进行 30 分钟左右的英语原版书阅读。词汇量的增加和阅读速度的加快也是学生较为普遍和明显的发展变化。同时，学生通过长期持续的阅读实践能够实现阅读策略自动化，多样化的文本阅读也开阔了学生的阅读视野，丰富了学生的意义建构。

（二）以进阶式、多类型文本承载蕴含积极阅读者育人价值的课程内容

与一般泛读项目在阅读材料选用上较为随意不同，分级阅读强调对阅读材料的精心选择，一是要体现语言的进阶式发展，二是要体现文本类型的多样化，如增加科普书籍等非故事类文本的比例，力求支持学生进行可理解的广泛阅读。分级阅读课程化可以使题材体裁足够丰富的分级阅读材料进入阅读课程体系，并使其作为载体支撑蕴含积极阅读者育人价值的课程内容，如通过百科全书进阶式读物增进对客

观世界的了解和认知，通过系列小说领悟复杂情境下人们的生存状态和情感变化，增进对他人的理解和共情。

（三）创新阅读教学模式，丰富课程的开展方式

在当前以教材为主的阅读教学中，课堂读前、读中、读后的精读式阅读教学模式，以及课后刷题式的阅读技能训练占主导地位。这种单一的教学模式不仅影响阅读教学的效果，而且也无法完成英语课程标准对学生课外阅读量的要求。分级阅读强调语言学习的实践性，已发展出多种以学生为主体、通过多向对话实现意义建构的阅读模式，如师生每天在课堂上一起自由阅读 8 分钟左右的持续默读（Sustained Silent Reading，简称 SSR），学生课堂外一周四次、每次 30 分钟左右的自由阅读，全班共读一本书的共读书精读，基于评估的在线阅读，以赛促读的阅读比赛等。分级阅读课程化有利于师生将这些阅读模式结合到现有的阅读课程中，丰富阅读课程的开展方式。

（四）转变师生评价观念，致力于积极阅读者的培育

分级阅读课程化有助于引导师生超越只关注学生阅读测试分数的传统的单一性评价，实现积极阅读者导向的过程性、发展性阅读评价观。分级阅读尊重学生的阅读能力差异和阅读兴趣差异，关注学生的阅读过程，其评价目的在于鼓励学生通过大量阅读难度适中、符合个人阅读兴趣的分级读物激发阅读兴趣，提升阅读能力，成长为积极阅读者。在开展分级阅读前，教师通过阅读能力测试、阅读兴趣问卷调研、访谈、观察等，了解学生的分级阅读起点和兴趣点，形成学生个性化的以及全班的本学期或年度分级阅读计划，包括合理的阅读能力增长目标、主题和难度适合的分级阅读书目、阅读报告数量和框架等。分级阅读实施过程中，教师通过多种形式如每周的阅读反馈单、观察、访谈等

了解学生的阅读进度以及阅读过程中出现的问题和困难，及时给予指导和反馈。同时，教师还可以组织学生进行读书交流活动，在活动中安排评价任务，引导学生就阅读方式、阅读内容、阅读策略使用等进行自评和他评。学生可以根据教师和同伴的反馈评价，调整自己的阅读计划，提升分级阅读效果。

三、分级阅读课程化的理论基础

分级阅读课程化是一个科学而系统的学校工程，其设计和实施需要丰厚的理论基础作为支撑。积极阅读者导向的阅读素养理论框架为分级阅读课程化确立了宏观的育人目标，认知语言学理论和课程理解理论为分级阅读课程化的方式和过程提供了学理思考。

（一）人本主义理论

兴起于 20 世纪 50 年代，经 Maslow 和 Rogers 发扬光大的人本主义理论对中小学课程与教学产生了重大影响。有别于传统的科学主义关注方法、经验主义关注知识，人本主义关注人。在教育目的上，人本主义主张人的全面发展、更好发展、主体发展是一切教育教学活动的中心。学校所提供的学习经验要能够使学习者发现自己独特的品质，发现自己作为一个人的特征和意义，通过学校教育成为一个完善的人。教育要创设安全、支持性的环境让每个人踏上自我发现、自我尊重和自我指导的学习之路（卡尔·罗杰斯、杰罗姆·弗赖伯格，2015）。在教育方式上，人本主义提倡"以学生为中心"的教学立场，即强调人的发展的自主性、整体性和独特性，重视学习者的意愿、情感、需要和价值观。在师生关系上，人本主义强调教师对学生的真诚和包容以及师生协作和对话，教师不仅是知识的讲授者，而且还是学习资源的提供者，学习活动的组织者、指导者和促进者。教师要创设促进学习的、有意义的学习氛围，调动学生的学习兴趣，激发学生的学习动机，给学生创造差异化学习的机会，使学生通过学习获得情感、人格、社会交往以及认知等多方位发展。

受其影响，同时考虑到我国多是大班教学，以及"以学生为中心"过于强调学生的学而削减了教师所应起到的重要的指导作用等因素，我国学者倡导"以学生为主体"的教育理念（王策三，1994；梅德明、王蔷，2018；郭华，2018）。"以学生为主体"是指课堂教学视角从"教"向"学"转变，指教师针对具体的教学内容，围绕学生的学习动机、认知、社会交往以及情感发展等需求，创设符合学生学习心理的教学环境，指导学生主动建构意义和发展核心素养。

这一概念的内涵如下：一是从学习对象来看，学习的主体是学生，教学过程中要发挥学生的主观能动性，避免教师包办替代。二是从价值追求来看，自主性、合作性、反思性是以学生为主体的课堂的育人目标。三是从教学设计的依据来看，本班学生针对本课特定内容的认知特点和学习心理是教学设计的主要依据。四是从教师角色来看，在以学生为主体的课堂，教师不再是"教的专家"，而是"学的专家"（钟启泉，2019）。教师首先是学生学习行为的设计者，要去规划和设计最能够引发学生有效学习的学习活动。五是从教学情境来看，宽松愉悦、对话互动、合作学习等是以学生为主体的课堂情境的基本要素。

分级阅读课程化正是以学生为主体的分级阅读指导过程，指导学生通过阅读符合其阅读兴趣、英语阅读水平等的读物学会阅读，同时通过阅读拓展对自然、社会、自我的认知。分级阅读课程化提倡每所学校针对本校学生的英语阅读基础创设自己独特的分级阅读目标和书单。无论是进行分级阅读精读课程的教学，还是自由泛读的指导，教师都是作为"指导学生阅读的专家"，精心规划学生自主、投入、建构意义、积累语言的阅读行为。

（二）社会文化情境阅读理论

阅读是读者在与书面语言的互动中提取和建构意义的过程，涉及生理学、心理学、语言学多个层次。Snow（2002）指出读者的阅读理解程度受三个因素的影响，即读者、文本以及活动。读者是指阅读者带入阅读行为的所有才华、能力、知识以及经验。文本是指打印文本以及电子文本。活动是指与阅读行为相关的目的、过程以及结果。这三个要素之间的互动受更宏观的社会文化情境的影响（见图1.3）。

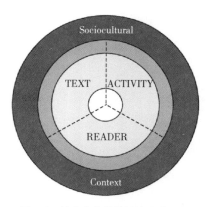

图1.3　社会文化情境阅读理论图示

在社会文化情境视角下，影响读者阅读效果的有阅读者自身因素和外在环境因素。阅读者自身因素包括（Scarborough，2001）：1）读者所掌握的词汇量和句法规则；2）读者对所读文本的认知背景，包含知识背景和文本结构背景；3）读者所掌握的阅读技能，如综合、推断、概述、解释等；4）读者所拥有的阅读经验，阅读经验越多，越有利于阅读能力提升。影响阅读的外部因素除了文本内容、语言、结构、可读性、吸引力等，还包括以下要素（Bell & McCallum，2008）：1）学校课程与环境，合适的课程与环境可以为学生打开成功阅读的大门；

2）同伴的支持与影响；3）家长支持；4）社区活动。笔者在研究中发现，有效的同伴阅读和教师指导对学生的阅读也起着十分重要的促进作用（张金秀，2018a）。

同时，有学者指出（Harris，1972），为更好地适应社会文化情境，中小学阅读可以分为三类，即：1）发展性阅读。这是中小学阅读的主要类型，目的在于掌握阅读技能，提升阅读理解能力。2）消遣性阅读。以欣赏、娱乐为目的，带有很大的随意性，但有利于促进学生形成更广泛的阅读兴趣。3）功能性阅读。根据特定的任务，选择相关的读物，寻找某些必要的信息，更常见于对非虚构类读物的检索和阅读理解。这三类阅读具有不同的功能，对中小学生都十分重要。但当前学校过于关注发展性阅读，对消遣性阅读和功能性阅读关注不够。

分级阅读课程化的目的之一就是通过营造丰富积极的阅读社会文化情境，促进学生、文本、活动之间的多向度互动，同时通过丰富学生的阅读类型帮助学生拓展阅读体验，提升阅读能力，形成阅读素养。

（三）认知语言学固化—规约化语言模型

21 世纪以来，认知语言学的心理和社会维度日益受到重视。Schmid（2015）用一个更为综合、全面、系统的语言模型来解释语言的运行机制，即固化—规约化语言模型（Entrenchment-and-Conventionalization Model，简称 EC-Model），该模型图示见图 1.4。

该模型提出语言形成的三个要件，即基于使用的固化和规约化过程。固化是指在语言使用中通过惯例化和图示化形成语言知识联想模式，规约化是指语言使用中通过创新、适应、传播等形成语言表达的语句模式。固化和规约化都需要重复性的语言活动的介入。同时，这一过程受四个因素的影响。第一个因素是认知因素，即复现、连续、

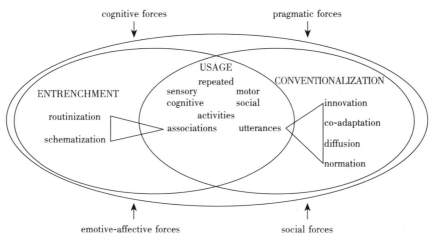

图 1.4　固化—规约化语言模型

归类、格式塔加工等。第二个因素是语用因素，即背景、对象、事件类型、意图、目的等。第三个因素是情感因素，即自我关注、兴趣、情绪、需要外部认可、顿悟等。第四个因素是社会因素，即社会网络体系、身份认同、协作、同伴压力等。该理论的主要亮点在于对语言研究的认知路径、社会语言学路径、语用路径和神经语言学路径做了高度整合，形成了一个相对完整、连贯的语言结构生成与变化的模型（束定芳、张立飞，2021）。

　　传统的语言学习理论框架使人们只关注语言学习的某一个维度，如认知，或情感，固化—规约化语言模型揭示了语言学习是一个多元、复杂的整体系统。分级阅读课程化正是通过给学生提供具有丰富教育价值的、地道的语言输入激发学生阅读中的认知、语用、情感以及社会因素发挥作用，同时将随意、碎片的阅读体系化、整体化，使其符合语言学习规律，有利于提升学生的语言学习效果。

总之，人本主义理论为英语分级阅读课程化提供了宏观的育人视角，即通过分级阅读课程化促进学生的全面发展、主体性发展，使学生成长为积极阅读者。社会文化情境阅读理论丰富了英语分级阅读课程化的情境创设，充分调动多种因素促进学生阅读能力的发展。认知语言学固化—规约化语言模型为分级阅读课程化促进学生语言能力的显性和隐性发展提供了路径依据，高质量的语言输入、复现和表达是做好分级阅读课程化的必经之路。

同时，随着义务教育课程标准修订工作的推进，学界对于学生核心素养的理解逐渐深化，相关概念已经从"学科核心素养"调整为"课程核心素养"。提升课程意识、从课程视角设计和实施所有教育教学活动已成为对教师的基本要求。

第三节　英语分级阅读课程化的实施理念

要实施分级阅读课程化，学校务必要从课程视角制定分级阅读方案，以培养积极阅读者为目标，以多样化分级阅读文本为内容，以自由泛读加共读书精读为实施方式，以过程性评价和表现性评价为评价方式，打造家校协作、精泛结合、课内外整合的英语分级阅读课程体系。

一、英语分级阅读课程化的价值取向：育人为本

分级阅读课程化建构不是简单地对阅读材料进行增加或调整，而是从学科育人、立德树人这个角度培养积极阅读者。通过精选不同于

教材短小篇章的整本书或短篇小说等读物，通过高度综合性、情境性、完整性的阅读体验给学生提供一种宏阔、丰富的阅读格局，以更真实的世界、更完整的内容、更深刻的思想、更精彩的语言吸引学生的阅读投入，激发学生的阅读兴趣，开阔学生的阅读视野。同时，打破在一节课上读前—读中—读后的阅读教学过程设计，通过 2~5 课时的整体设计（课时数视书的内容和厚度而定）、多样化的阅读活动引导学生围绕主题开展与文本、与作者、与他人、与自己的对话，不断探究和建构主题意义，同时丰富阅读策略。

笔者团队参考我国英语课程标准以及美国麻省语言艺术学科课程标准，在实践基础上形成了不同年级的分级阅读育人目标，以下以小学六年级、初三、高三为例。

小学六年级：能够保持对英语绘本分级阅读的兴趣；能够在自由泛读的基础上向他人进行好书推介；能够利用故事图或内容图结合绘本主题、文本大意和细节复述绘本；能够创编较为复杂的绘本；能够熟练使用结构化提问、建立关联、概括等阅读策略；能够识别绘本中的文化元素，欣赏优秀文化。

初三：对虚构类和非虚构类分级读物有较明确的阅读动机和积极的阅读态度；能够完成自由泛读的阅读任务单，并与同伴交流分享；能够根据阅读目的运用适当的阅读策略；能够在阅读后通过口头或书面方式对分级读物中的信息进行提取、解释，并结合自己的生活经验进行表达。

高三：对长篇读物有明确持续的阅读动机和较强的自主阅读意识；能够以较高质量完成自由泛读中的导学案，并与同学交流；熟悉多种阅读策略，具备较快的阅读速度；能够通过阅读提出问题并陈述自己基于文本证据的观点；能够在阅读后通过口头或书面方式发表评价性见解。

二、英语分级阅读课程化的内容建构：精选读物

选择读物是开展分级阅读的关键环节。有条件的学校可以配备国内出版社引进或原创的系列分级读物，指导学生开展整本书自由泛读或共读书精读。没有条件的学校和教师可以选择某几本读物开展全班共读书精读。分级读物一般会标注读物适合的年级，但通常是根据文本的语言难度进行分级，会忽视读物所对应的学生的认知水平，会出现读物语言适合学生、但内容过于低幼化的问题，导致学生缺乏阅读兴趣。如英文绘本 *Little Red Hen* 一书就不适合拿到课堂上对初一学生进行教学。此外，不同学校、甚至不同班级的学生存在英语语言水平差异较大的现象，如果完全按照出版社的年级建议选择读物，也会出现对于本校或本班学生来说内容过难或过于简单的问题。同时，有研究表明,阅读材料类型多样化是影响学生阅读成效的因素之一（张文静、辛涛，2012）。因此在选书时，教师要结合学情考虑四个要素：图书教育价值、文本难度、学生认知水平，以及文本类型。

教师对分级读物教育价值的专业评估是选择读物的首要要素。作为学校教材的辅助性材料，分级读物是否可以进入课堂做课程化、教学化处理，取决于读物教育价值的高低。教育价值高的书通常具有以下特点：1）有相对完整的故事或主题内容，蕴含积极向上的精神意蕴。如某系列分级读物中 *The Wonderhair Hair Restorer* 一书讲述了一个被脱发问题深深困扰的爸爸和他女儿之间的故事。爸爸因为脱发十分苦恼和沮丧，女儿想帮助爸爸，为爸爸做了特别的生发剂。结果爸爸用了生

发剂以后头上长出花草，而且越拔越多，遭到了同事嘲笑，还吓跑了路人，他非常苦恼。于是女儿又调制了解药，给他的头顶除草。故事最后，爸爸虽然又变回了秃顶，但是心情已经截然不同，恢复了往常的快乐和平静。这本书以略显奇幻的手法呈现了女儿对爸爸的关心，让学生感受到浓浓的亲情。同时也通过爸爸的遭遇引导学生思考如何看待家人外貌的变化。2）有较高的认知和思维含量。如某系列分级读物中的 *On a Cold Dark Night* 一书，借助刺猬在冬天找家的故事渗透了有关不同动物的居住场所以及动物冬眠的知识，拓展了学生的知识结构和思维深度。3）有较为地道、丰富的语言表达。教材中的篇章通常是围绕某一些语言现象来组织材料的，对文本的语言控制较强。而好的分级读物是围绕内容或主题组织材料的，语言使用较为开放、地道和丰富。这为学生通过阅读习得语言提供了良好的条件。还需要注意的是，一本书的文本价值和教育价值是两个不同的概念。一本书之所以得以出版，一定有它独特的文本价值，但文本价值高的书未必具有较高的教育价值。教师要根据学生的发展需求评估图书的教育价值，进而进行取舍。

教师选书的第二个要素是图书的文本难度。文本难度是指基于三个维度的文本对读者的挑战程度（Lapp et al., 2015），三个维度分别是：1）量化维度：词数、长度等，如蓝思指数。2）质性维度：文本结构，如内容组织方式是按时间顺序还是有闪回等；可视化支持和格式，如是否有插图、图表等；主题内容之间或人物之间的关系；作者的写作手法；词汇使用；文本意义；作者写作意图是否明显；学生阅读此书所需要的知识储备；是否有专有名词及其数量等。3）读者 / 任务难度：为读者所设计的阅读任务难度，如读完后是回答事实性问题还是对文本内容进行概述。教师可结合以上三个维度考虑某分级读物是否适合本班学生阅读。也有学者提出可针对不同的阅读方式选择文本难度。学生进行独立自由泛读时，可选择能够识别 99% 的词汇且文本理解程度达 90% 的书籍。大量阅读此类书籍可提高学生的阅读流畅度。对于教师指导下的课堂共读书阅读，适合选择学生能够识别 95% 的词汇且文本理解度可达 75% 的书籍。教师需要指定此类书籍作为全班共读书，通过课堂教学开展指导性阅读，提升学生对文本的理解程度，同时指导学生发展有效的阅读策略，提高其独立阅读能力（Fountas & Pinnell，2012）。教师和学生通常可以借助五指原则选择读物阅读方式，即：学生随便翻到读物任意一页，如果里面有 5 个及以上的生词，该读物就适合教师组织学生进行共读书精读；如果低于 5 个生词，教师可组织学生进行独立自由泛读。

教师选书的第三个要素是学生的认知水平。有研究表明，不同年龄段的学生因认知水平不同而有不同的阅读偏好（Krashen，2004）。年龄较低的学生普遍喜欢阅读趣味性较强的书籍，7—9 岁学生较偏爱冒险类书籍，14 岁学生喜欢阅读幽默文学、历史故事与传记、科幻小说、当前社会事件，而 18 岁高中生偏爱历史故事与传记、科学技术读物、哲学读物。当然，关注学生不同年龄段的认知水平和阅读偏好，并不意味着教师要一味根据学生的阅读偏好提供相应书籍，但在尝试给学生提供新的阅读体验前，教师要优先考虑不同年龄段学生的阅读偏好，从其偏好入手，逐渐拓展。

教师选书的第四个参考要素是文本类型。与篇章四大文体不同，书籍的文本类型通常分为两类，即虚构类与非虚构类。虚构类包括长短篇小说、诗歌、散文等，非虚构类又被称为信息类文本，是指"其主要目的在于传递关于自然和社会的信息的文本"（Duke，2000）。从这个定义可以看出，真实是非虚构类图书区别于虚构类图书的主要特点，即：非虚构类图书中的内容都是现实世界存在或者可以研究的真实信息，这些内容不能是虚构或虚假的。

有研究表明，非虚构类图书对于学生综合素养发展具有多方面的促进作用。首先，非虚构类图书涉及的领域比较广泛，有数学、艺术、社会、历史等，所以阅读非虚构类读物能很好地帮助学生补充有关科学和人文等方面的背景知识，为他们在广泛的内容领域成为更好的阅读者建立知识基础（Young & Moss，2006）。背景知识越丰富，学生越能发展触类旁通的理解力，学习能力也越强，也越有助于学生发掘兴趣和智能。其次，非虚构类图书因其独特的内容结构，能帮助学生掌握不同的阅读策略和思维方式，如：排序、分类、因果分析、问题解决、对比等，是对虚构类阅读极其有益的补充（虚构类阅读一般是对故事、人物进行分析）（Bluestein，2010）。再次，阅读非虚构类图书还能提升学生的人文素养，如：数学类图书能让学生懂得严谨；历史类图书能培养学生的批判精神；社会类图书能给予学生多元文化熏陶，有助于学生在对多元文化的比较、鉴赏和反思中形成良好的文化意识。正是基于非虚构类图书的上述育人价值，美国共同核心州立标准（Common Core State Standards，简称CCSS）规定非虚构类文本应该占到小学生阅读文本的一半（Initiative，2010）。我国英语教育领域也越来越重视非虚构类阅读。以高考英语为例，2018年3套全国高考英语试卷中，在阅读理解、完形填空、语法填空、短文改错共计24个阅读文本中，虚构类文本只有9个，其他均为非虚构类文本。我国多个出版社出版的系列分级读物中，都有相当比例的非虚构类读物可供师生选择。

一言概之，进入课堂的整本书分级读物最好是有利于学生精神成长和英语素养发展、语言难度符合学生英语阅读水平、内容难度符合学生认知水平与阅读兴趣、同时又能体现多样化文本类型的书籍。在选书时，教师也可以组织学生发表意见，如从教师选择的八本书中精选三至四本作为全班本学期共读书目。

同时，考虑到高中生学业负担较重，而适合高中生阅读的整本书读物通常文字量较大，阅读周期相对较长，针对这个问题，部分学校采取了以经典短篇小说代替整本书阅读的分级阅读实践，也取得了较好的教学效果，具体可见本书第三章第四节。在短篇小说的选择上，教师也可以遵循上述原则，即教育价值、文本难度、学生的认知水平以及文本类型。

三、英语分级阅读课程化的实施路径：精泛结合

学生分级阅读一般有两种样态，一种是以教师为主导、深度处理文本意义和语言使用的课堂共读书精读，另一种是以学生个体为主导、获取文本表层意义的课内外自由泛读。两种方式各有其优势。

课堂精读是教师选择全班共读材料、运用作为经验更为丰富的阅读者和教育者的才能指导学生进行阅读的阅读活动。其优势首先在于可以激发学生的阅读兴趣。因为存在语言障碍，学生并不天然对外语阅读感兴趣，教师在课堂上设计的多样化阅读活动能够激发学生的阅读兴趣，降低其英语阅读畏难感。在笔者所做的精读课课后访谈中，多人次学生提到很喜欢教师在课堂上开展的视频导入、层层递进的阅

读任务、学生小组交流等活动，而这些活动是学生自由泛读所不能获取的阅读体验。其次，精读课可系统指导学生习得阅读策略。作为更有能力的阅读者，教师可通过精读课程系统培养学生掌握阅读策略，如预测、提问、推断、归纳、建立连接等。再次，精读课可提升学生的语言运用能力。以输出为导向的精读课会有大量的师生、生生互动和对话，促使学生离开语言舒适圈，运用阅读文本中新的语言进行表达。最后，精读课可提升学生的审辨式思维能力。进入中小学的教学材料通常都是人类社会生产生活的常识和共识，不太需要教师组织学生进行批判和质疑，教师组织学生进行基于观点、证据、逻辑三个要素的表达就能够很好地训练学生的审辨式思维能力。

自由泛读是学生自主选择适宜的书籍、以自己的速度和节奏进行大量个性化阅读的阅读活动，如课上 5 分钟的持续默读、课后配合阅读反馈单的自主阅读，以及利用寒暑假时间进行的自主阅读。自由泛读一方面通过大量阅读给学生提供练习精读课习得的阅读策略的机会，提升其阅读能力；另一方面也可以通过广泛阅读增进学生对自然、社会以及自我的认知，帮其实现通过阅读进行学习的目的。

教师要采取精泛结合的路径推动学生丰富分级阅读体验。一方面，教师要选择优质分级读物进入课堂，以整进整出、连续课时的原则设计高质量的课堂精读活动，具体设计和实施策略可见本书第三章。另一方面，教师要指导学生自主选书，设计多样化的阅读反馈单，指导学生开展自由泛读，并定期组织读书交流等活动，具体设计和实施策略可见本书第四章。需要指出的是，无论是精读还是泛读，教师要走出母语阅读中以数量取胜的误区，引导学生通过回读和重读深化对读物的内容理解和语言习得。

四、英语分级阅读课程化的评价要点：以评促学

评价是保证分级阅读课程化实施效果的重要一环。在核心素养导向下，评价领域正在从侧重结果的测试文化向强调过程的评价文化的范式转型，意味着评价更加以学习者为中心，以学习为中心，并为学生带来积极的反拨作用。因此，与传统做阅读理解题的测评方式不同，分级阅读课程化评价要突出诊断性、以评促学的评价要点。在设计以评促学的阅读评价体系时，教师需要规划好以下要素：评价维度、评价时机、评价主体、评价方式、评价结果使用（祝新华，2015）。Chappuis 和 Stiggins（2017）认为课堂评价有四种方式，即选择性应答、书面应答、表现性评价和个人交流。分级阅读课程化评价旨在促进学生作为积极阅读者的发展，在学理层面教师可围绕以下四个维度做课内外评价设计，具体见下表 1.1。

表 1.1 分级阅读课程化评价框架

评价目的	评价维度	评价时机	评价主体	评价方式	评价结果使用
促进学生作为积极阅读者的发展	阅读情感	学期初、学期末	教师、家长	问卷调查、访谈、学生阅读量	学期初通过评价诊断学生的阅读现状，提供有针对性的指导反馈，学期末通过评价看有无发展，以及如何调整优化。
	阅读策略	学期初、学期末、课堂教学	教师、学生	问卷调查、课堂观察、表现性评价	
	意义建构	课堂教学	教师、学生	学生问答、阅读反馈单、表现性评价	
	阅读视野	学期初、学期末	教师、学生	问卷调查、阅读书单、阅读反馈单	

　　从实践层面，这四个维度的评价并非孤立的、互相分离的，而是综合的整体。如学期初的问卷调查可以包括对学生阅读情感、阅读策略、阅读视野的诊断性评价，而学期末包含同样内容的问卷调查可以评价学生在这些方面是否有增值发展。具体评价的设计实施可参看本书第三章、第四章内容。

　　总之，教师要从育人角度看待分级阅读的教育价值，重视培养积极阅读者。另外，教师要能够对学生分级阅读进行指导，支持学生开展自由泛读与共读书精读相结合的分级阅读。学生也要改变认为教师和教材是唯一知识来源的传统学习观，善于规划和运用分级阅读进行积极阅读，为终身学习奠定坚实基础。

第二章

中小学英语分级阅读课程化校本建构实践

第一节　概述

中小学教材阅读相对比较好开展，因为教材阅读有着较为成熟完善的、与国家课程标准匹配的课程体系，教师根据教情和班情做适度调整即可。分级阅读作为刚刚进入英语课程体系的新生事物，对教师的挑战相对更大。因此，分级阅读课程化非常需要从学校角度进行整体规划、英语教研组团队集体参与，建构适合本校学生的英语分级阅读课程化校本体系。学校要从课程角度制定分级阅读方案，以培养积极阅读者为育人目标，以多样化的分级阅读文本为内容，以自由泛读加共读书精读为实施方式，以阅读情感、策略使用、意义建构、阅读视野为评价重点，打造家校协作、以学生课堂外自由泛读为主、教师课堂内指导为辅的英语分级阅读课程。

本章将以三所学校为例，分别阐述小学、初中、高中分级阅读课程化校本体系建构的实践策略。这三所学校都是从本校学生实际学情出发，历经三年构建了融目标、内容、实施、评价于一体的分级阅读课程化体系，且取得了较好的育人效果。三所学校整体体系各有不同，但都遵循了以下的实施策略。

一、营造英语阅读文化，发挥隐性课程的育人功效

包括学校物质环境、社会环境和认知环境在内的学校隐性课程在学生情感培育方面比显性课程的影响更为深远（黄光雄、蔡清田，2017）。学校可通过创设英语阅读环境、保障阅读时间、善用评价等方式营造积极丰富的英语阅读文化。

　　首先，配备分级读物，丰富阅读资源。学生进行英语分级阅读的首要困难是无书可读，即除教材外缺乏系统、适宜的读物。因此，学校的课程建构首先要从丰富阅读资源入手。当前可供学生使用的分级阅读资源有两类，一是纸质书，一是在线阅读平台，学校可根据自己的条件进行资源配给。如笔者所在的项目校布置了学生专用的英语阅读室，配备了英语分级阅读纸质书籍，向师生开放。教师可通过以下方式引导学生实现对图书资源的充分使用。一是建立分级阅读图书借阅系统，鼓励学生根据自己的阅读水平和兴趣借阅图书开展个性化自由阅读。教师可指导学生制定每周阅读 1000~2500 词、每周阅读不少于四次、每次阅读不少于 30 分钟的阅读计划并进行主要在课堂外的自由阅读。二是选择适合全班学生阅读的书籍进行课堂教学，补充和拓展教材学习。全班共读书阅读书目可由教师和学生共商选择。教师可根据全班学生阅读水平基线制定包含不同题材体裁书籍的推荐目录，如将小说与非小说进行搭配，或者选择一本较长的青少年经典读物，或者结合教材主题选书，实现课内外结合的主题性阅读。

　　其次，课内外联动，保证阅读时间。教师可通过课内外阅读活动的整合，保证阅读时间。根据阅读上的马太效应（Stanovich，1986），学生的有效阅读量越大，学生的阅读能力越强。对外语学习来说，学生的有效阅读量首先来自阅读时间的保障。一方面，在课时安排上，教师可以适当整合和压缩原有教学内容，从每周课时中拿出一节课开设阅读素养课，教师或者指导学生开展持续默读，或者就某本分级阅读共读书上精读课。另一方面，教师鼓励和要求学生在课外进行每周不少于四次、每次 30 分钟左右的自由阅读，同时通过家长会等方式告知家长学生正在参与阅读项目，请家长协助阅读课程建设，共同督促和鼓励学生坚持阅读，进而形成稳定的阅读习惯。同时，教师可以在布置课后作业时进行统筹规划，减少常规的抄写作业，而将进行 30 分钟左右的分级阅读作为日常作业布置给学生，保证学生有阅读时间。教师还可以利用时间较长的寒暑假组织学生进行自由泛读，并完成阅读反馈单。

最后，善用评价导向，保证阅读质量。教师可通过积极的评价激发和保持学生的阅读兴趣，并引导学生进行多样化输出从而提高阅读质量。学校可组织年级层面的阅读大赛活动，鼓励学生以多种方式展示和分享自己的阅读成果，如小组合作运用读者剧场展示阅读文本、撰写好书推介、表演短剧、给电影配音等。这样，一方面可以通过社会性阅读活动激发学生的深度阅读，另一方面可以将阅读与听说看写等技能结合，以阅读带动其他技能的发展。同时，教师也可将学生的分级阅读情况，如有效阅读量和阅读报告撰写情况纳入平时评价中，引导学生有计划、有方向地开展分级阅读。

二、灵活运用 MEI 分级阅读指导框架，激发学生阅读活力

MEI 是学生在教师指导下进行的三类分级阅读活动的英文首字母缩写，即"Measurement（阅读能力测评），Extensive Reading（自由泛读），Intensive Reading（共读书精读）"。

首先，学生阅读能力测评。分级阅读核心要义之一是匹配性阅读，即学生阅读能力与所读读物难度之间的匹配。学生现有阅读能力的诊断是有效开展分级阅读的基础。教师可利用公信力高的阅读能力测评工具对学生的英语阅读能力做个性化测评，帮助学生确定分级阅读起点并选择适宜的分级阅读书籍进行阅读。

其次，自由泛读。在测评诊断的基础上，学生可以自由选择适合其阅读能力和阅读兴趣的书进行广泛阅读。学生进行自由泛读并不意味着教师可以完全放手。笔者在课题校的实践研究表明，教师的有效指导对学生自由泛读的效果有很重要的影响。教师可制定学生自由泛读指导计划，该计划分为两类。一类是针对全班的分级阅读指导计划，如开家长会建立家校协作机制，将学生根据阅读能力分组，制定小组阅读计划，学生在组内相互交流阅读情况及进行鼓励督促。另一类是针对学生个体的个性化分级阅读指导计划，教师可指导学生根据自己的阅读能力和阅读兴趣选择适宜的分级阅读书籍，兼顾文学作品和非文学作品，拓展阅读视野。教师应密切关注学生的自由泛读情况，随时提供支持和指导。为指导学生在自由泛读的同时加深对文本意义的理解、建立文本内容与其生活经验之间的联结，以及为学生的个性化阅读提供展示分享的机会以保持其阅读兴趣，教师可指导学生撰写阅读反馈单。教师可提供不同形式的阅读反馈单范本供学生选择，如以图文并茂的方式概述文本内容、分析文本中最喜欢的人物或最有趣的情节、续编所读故事等，学生完成阅读反馈单后，在班级进行展示、交流，分享阅读成果，增强阅读成就感。

最后，共读书精读。教师可与学生一起选择比该班大多数学生阅读水平稍高的分级阅读书籍作为全班共读书，开展整本书精读。整本书阅读有利于突破教材阅读教学中的碎片化阅读、就篇章讲篇章的格局以及课堂读前、读中、读后的模式化流程，按照整进整出的原则进行整体阅读。作为精读教学方式，整本书阅读教学的重点目标在于文本意义建构、阅读策略培养以及语言知识学习和运用。教师可通过三类课型的整合实现这三项目标。第一类课型是激趣导读课，这一类课的主要目的是通过主题意义探讨激发学生对图书的阅读兴趣，向学生示范阅读策略，帮助学生建立阅读的信心。在这类课结尾，教师可以布置课后阅读任务，让学生带着任务，利用课外时间进行自主阅读。第二类课型是讨论交流课，教师组织学生开展涉及高水平思维品质的小组合作活动，通过阅读学习新的知识，体验不同的情感，进行更多的深入思考，形成自己的观点和见解。第三类课型是应用创新课，学生应用前两类课型的学习成果进行整体性的创新表达，结合所读书的主题进行故事续编、表演或者撰写人物分析评论。教师可根据书的厚度决定每类课型所占课时。

三、应用多种教学工具，为学生实施分级阅读提供支架

在教学实践中运用教学工具是教师为学生适应新事物提供支架的一种有效方式。在分级阅读方面，教师可运用以下教学工具帮助学生循序渐进地进行分级阅读。

首先，运用评估工具以评促读。评估工具包括阅读能力评估工具和阅读策略评估工具。阅读能力评估工具可以是具有国际公信力的英语阅读能力个性化测评软件，如美国蓝思英语阅读测试软件，可通过半小时左右的个性化测试即时量化评估学生的英语阅读能力水平。教师可应用此工具进行分级阅读起始测评，为学生确定分级阅读起点提供参考。教师也可应用此工具进行阶段性测评，如每三个月测评一次，了解学生在分级阅读项目中阅读能力的发展状况，进而指导学生调整分级阅读进程。阅读策略评估工具可以是经实证研究检验的阅读策略自评量表，如学生阅读策略使用调查问卷，以便帮助学生了解好的阅读策略并对照反思自己阅读策略的使用情况。教师也可根据学生的情

况对这些问卷的内容作出调整。

　　其次，运用可视化工具以图促读。阅读可视化工具包括阅读过程管理工具和阅读反馈单工具。教师可以指导学生编制个人学期或年度分级阅读规划图进行阅读过程管理。分级阅读规划图可包括学生当前阅读能力水平、一学期或一年后阅读能力水平提升目标、本学期或本年度分级阅读书目等。学生可根据该图完成情况对自己的分级阅读进行个性化过程管理。教师还可制作几张班级分组分级阅读进程表贴在教室墙上，让学生以周为单位填写阅读量（阅读册数和次数）、本周阅读中最喜欢的书籍名称等简单信息，从集体角度对学生的分级阅读进行过程管理，激发学生的阅读积极性。阅读反馈单工具是帮助学生将阅读过程和思维过程可视化的结构视图，是将所读书籍主要内容和阅读感受用结构视图呈现出来，如 321 好书推荐（即针对所读的书介绍 3 点有趣的事实、2 点与生活的联系、1 个问题或困惑）等。结构视图的形式和内容可根据文本特点以及教师教学重点进行设计。

　　最后，运用小组活动工具以伴促读。小组活动工具是指有明确活动目的和流程的伙伴合作式阅读活动，如培养学生阅读流畅度的读者剧场、引导学生分享和互评阅读心得的画廊漫步、促进学生深层阅读的阅读圈、利用信息差促进学生阅读交流的拼图式阅读等。这些小组合作阅读活动充分发挥了学习的社会性特点，让阅读变得有趣味、有意义，降低了阅读难度，拓展了学生的最近发展区。

第二节　小学英语分级阅读课程化校本实践
——以北大附小石景山学校为例

北京大学附属小学石景山学校　瞿丽

一、分级阅读课程化建构背景

（一）学校概述

北京大学附属小学石景山学校是一所全日制完全小学，坐落于北京八大处西山脚下，占地面积 21,982 m²。校园内苍松翠柏，花木繁茂，三栋青灰色教学楼掩映其中，整个校园静谧、素雅。学校前身为"北京市石景山区六一小学"，2015 年更名为"北京大学附属小学石景山学校"。学校的变革必然生发课程的变革。因此，在实施原有"六一课程"的基础上，北京大学附属小学石景山学校秉承北大附小教育集团的办学理念："让每一个孩子都得到独具特色的发展，使之成为幸福的、高素养的中国公民和世界公民。"同时融合了"六一课程"与"生命发展课程"的教育共生点，形成课程理念发展的合力；以人文素养、科技创新、艺术审美、身心健康、国际理解五大类课程对学生进行培养。

（二）英语分级阅读课程化历程

1. 丰富的英语阅读资源是英语分级阅读课程的物质保障

2012 年以来，学校大阅读课程着手英语阅读课程的构建，并在实践中不断优化完善，逐渐形成了具有学校特色的英语分级阅读课程体系。特色英语分级阅读课程是学校课程体系的重要组成部分，是实现育人目标的重要途径之一。英语分级阅读课程的开发与构建强调全员参与、个性阅读的阅读教育新模态，充分体现学校"培养独具特色的学生"的办学目标。在学校"三层五类"课程中，英语分级阅读课程属于国际理解类课程中的拓展课程。本课程与学校其他门类课程相互支撑，与其他英语类课程相互渗透，共同发挥课程育人的作用。

学校拥有近 8000 册多样化英语分级阅读绘本，可满足各年级学生的课堂师生共同阅读与家庭自由阅读需求。每学期学校为中、高年级学生提供分级阅读导读手册的印刷支持。2016 年 9 月起，学校增加了线上阅读项目，拓宽学生阅读途径的同时，对学生阅读习惯、阅读能力等综合阅读素养进行线上追踪与测评。

2. 满足学生英语学习需求是英语分级阅读课程的开发动力

我校的生源主要由部队子弟及校区附近居民子女构成。部队子弟一直是学校的重要生源，目前占全校生源的 63%。家长普遍关注与重视学生的英语学习，学生英语基础相对较好。但常规英语教材的学习无法满足学生对英语学习的个性化需求。通过调查发现，我校许多家长辅导孩子时仍然采用以往的英语教学理念，只关注语言知识、语法结构、词汇句型等内容，忽视了阅读在英语学习中的重要作用。家长觉得虽然投入了许多时间和精力，孩子还是只会做题，无法读懂简单的英语文本。在这种情况下开设英语阅读课程势在必行。经过初期的尝试与实践，我们发现学生喜欢上英语阅读课，能够接受英语绘本阅读，并愿意参加各项阅读活动，阅读动机较强，能够开展课外自主阅读。这使得英语教学团队的教师有信心继续修改完善我校的英语阅读课程。

3.英语教学团队实力是英语分级阅读课程的实施保障

我校拥有稳定的英语教学团队，目前共有教师九人，其中高级职称两人，市级骨干教师一人，青年教学能手一人，英语专业研究生一人，有海外学习经历教师一人。团队成员参与过北京师范大学认知神经科学与学习国家重点实验室攀登英语项目组开发的"攀登英语阅读分级绘本"的编写工作，主持过北京市规划办"十三五"课题"平板电脑与小学英语学科有效整合的实践研究"，参加了卓越教师工作室。从整体情况看，学校英语团队教师教学经验丰富，教研能力较强，为学校英语课程的不断丰富与完善提供了有力的保障。

（三）分级阅读课程化促成的师生发展

1.学生发展

（1）学生阅读品格有明显提升

在分级阅读进入我校课程体系后，我校学生英语阅读品格有明显提升，主要体现在英语阅读习惯的培养和阅读量的增长上。我校学生形成了一周至少阅读四次英语绘本、和同伴一起阅读、做阅读笔记等良好的阅读习惯。图 2.1、2.2、2.3 展示了学校阅读环境创设、学生沉浸式持续默读、学生绘本阅读记录单等的情况。

图 2.1　持续默读阅读箱　　图 2.2　学生在课堂上进　图 2.3　持续默读阅读记录单
行持续默读

（2）学生阅读成绩有所提高

以我校 2020 届学生阅读测试成绩的变化为例。2020 届学生在 2018 年 7 月四年级和 2019 年 7 月五年级时均参加了全区期末质量监测。两次质量监测全部为区教研室统一命题，统一组织教师进行封闭性阅卷。两次监测的阅读检测题满分均为 20 分。通过对比发现：与 2018 年相比，2019 年阅读成绩高分段的学生人数有显著增加。图 2.4 是 2020 届学生四、五年级阅读成绩对比图。

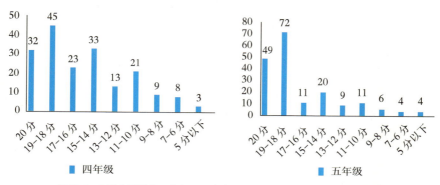

图 2.4　2020 届学生四年级、五年级区监测英语试卷阅读成绩对比图

（3）学生在英语活动中表现突出

学生在分级阅读的基础上进行了演剧大赛，其中优秀作品 *The Sneetches* 获首都外语展示系列活动一等奖，*Ma Ma Mi Ya* 获北京市小学英语文艺汇演英语戏剧类一等奖。

2. 教师发展

（1）以英语分级阅读项目为契机，促进教师理论提升

我校英语分级阅读课程以常态课为依托，以研究性课堂为阅读教学主导方向。在课程稳步推进的过程中，教师逐渐发现日常的许多教学行为取得了很好的效果，但不知如何从理论上进行总结或评价。借

助卓越教师工作室各位专家的帮助与分享，我校英语团队教师先后学习了英语阅读教学策略、英语整本书阅读、英语分级阅读教学、英语读写结合等相关理论。进行理论学习的同时，全体英语团队教师参与分级阅读材料的审读、阅读手册的编制等，发掘了教师作为阅读教学主体的潜力。此外，我校英语团队教师在进行分级阅读教学时形成了理论总结和反思。目前已经形成相关论文 13 篇，其中正式发表 2 篇，获奖 10 篇。

（2）以校本教研活动为途径，推动教师教学能力提升

为了推动教师的专业成长，我校将课堂教学、教学研究、教学反思等活动融为一体，采用多种方式开展校本研修活动。培养教师成长最有效的方法就是进行专家培训和教学实践。学校先后邀请多位专家来校进行听课指导，所有被指导的教师都要在教学任务完成后撰写书面感悟。学校利用各种机会让教师参加各级各类培训，所有走出校园参加培训的教师回校后都要在校内进行汇报交流。目前学校英语团队教师的课堂教学能力得到了有效提升，并且在各种比赛、观摩活动中取得了良好的成绩。我校教师在我校承办的北京市学习方式变革课改会、北京市课程建设现场会、北京教育学院卓越教师工作室观摩会、北京市小学英语阅读教学推进会、石景山区教育教学大赛、石景山区学习方式变革课改会等活动中进行阅读教学现场展示课共计十余节。共计三人获得石景山区教育教学大赛英语学科一等奖，一人获得北京市教学设计大赛一等奖。

二、课程目标

（一）课程总体目标

确定分级阅读课程目标即是对绘本阅读育人价值的思考和凝练。绘本因其图文并茂、故事性、节奏性以及完整性等特点在学生阅读兴趣激发、阅读策略培养方面具有得天独厚的优势。因此我校在制定绘本阅读课程总目标时，为最大化发挥绘本阅读独特的育人价值，主要从阅读兴趣、意义建构、阅读策略和文化意识四个方面着力。图 2.5 展示了我校英语分级阅读课程总目标。

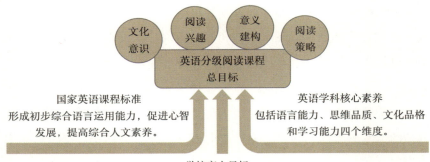

图 2.5　英语分级阅读课程总目标

➢ 阅读兴趣：学生能够对英语绘本阅读产生兴趣，能够通过教师组织的课堂精读、同伴共读、自由泛读等多种方式积极参与到绘本阅读中，能够接受包含虚构类与非虚构类等多样化内容的绘本阅读。

➢ 意义建构：学生能够理解绘本内容，结合自己的生活经验、背景知识等实现意义建构，并以读说结合、读写结合等方式对文本意义进行初步表达。

➤ 阅读策略：学生能够初步掌握预测、跳读、推断、建立关联等基本阅读策略，以支持对绘本内容的意义建构。

➤ 文化意识：学生能够初步感知绘本中的文化元素，欣赏中外优秀文化。

（二）课程分年级目标

为更好地落实绘本阅读目标，学校英语团队经过卓越教师工作室各位专家的指导，最终将绘本阅读总目标有重点、有衔接地分解到各年级，体现了整体规划和分阶段培养的整体外语教育观，并制定了如下绘本阅读课程分年级目标（见表2.1）。

表 2.1 英语分级阅读课程分年级目标

一年级	能够初步接触英语绘本，形成文本概念；能够读懂由同一句式结构组成的简单绘本；能够朗读所读绘本。
二年级	能够产生英语绘本阅读兴趣；在教师的帮助和支持下，能够回答绘本中的大意和细节问题；能够小组合作表演绘本。
三年级	能够树立对英语绘本阅读的信心；能够对绘本内容进行提问并回答问题；能够小组合作复述绘本；能够初步使用预测、跳读等阅读策略。
四年级	能够自主选择绘本进行持续默读，并完成简单的阅读笔记；能够复述绘本内容，并表达对故事寓意的理解；能够对绘本进行简单的续编；能够熟练使用预测、跳读等阅读策略，初步使用结构化提问、建立关联等阅读策略。
五年级	能够初步阅读非虚构类绘本；能够开展自主阅读并完成结构化阅读笔记；能够利用故事图或内容图提取绘本信息，复述文本大意并提供来自文本的细节支持；能够创编绘本；能够熟练使用结构化提问、建立关联、概括等阅读策略。
六年级	能够自主阅读不同体裁的绘本；能够在自主阅读的基础上向他人进行好书推介；能够利用故事图或内容图结合绘本主题、文本大意和细节复述绘本；能够创编较为复杂的绘本；能够熟练使用前面几个年级目标中提到的阅读策略。

三、课程内容

（一）课程体系框架

在英语分级阅读课程目标引领下，学校确定了该课程的体系框架（见表2.2）。

表2.2　英语分级阅读课程体系框架

课程层级	课程内容	课程实施策略	课程目标
分级阅读基础类课程	分级绘本	课堂整本书精读	建立书本概念，提升解码能力
分级阅读拓展类课程	分级绘本	课堂5分钟持续默读	建立自主阅读意识
	分级绘本	课后自由泛读并完成阅读反馈单	形成良好的阅读习惯，提升表达能力
		课后自由泛读并完成绘本阅读漂流袋	
	分级绘本	校外家庭阅读：我教爸爸妈妈读绘本	形成良好的英语亲子阅读氛围和习惯
		校外家庭阅读：睡前英语绘本阅读	
	分级绘本	线上自由阅读	实现无边界阅读新模态
分级阅读实践类课程	分级绘本或自编材料	英语综合实践活动：班级、年级、校级三级活动联动	激发阅读兴趣，提升语用能力
	分级绘本或自编材料	学校英语节阅读主题展示活动	

（二）课程内容规划

开展分级阅读课程需要依托合适的阅读资源。阅读资源与阅读能力的合理匹配，决定着阅读效果及阅读能力的提升。因此可以说，学校的分级阅读课程是在不断地选择和积累阅读资源的过程中同步进行的。目前，学校的分级阅读资源库已经初具规模，并且仍在不断丰富。学校的英语绘本总量近 8000 册，根据日常阅读教学中教师与学生的不同需求，学校资源库开发了多元搜索序列，师生可以按出版社、级别、文本类型、绘本主题等多个序列进行搜索。

学校整体配置分级阅读体系的绘本书籍，并将绘本从图书馆、教室书柜中解放出来，放置于学校大厅走廊、图书馆开放书架、班级图书角等多个场所，支持学生随时随地开展绘本阅读，打造绘本阅读无边界学习的隐性课程。

四、课程组织实施

（一）课程实施策略

1. 六年的英语分级阅读课程分为三个阶段，既体现阶段发展，又体现六年的贯通性培养。第一个阶段培养解码能力，发展阅读兴趣。第二个阶段渗透德育教育，培养文化意识。第三个阶段巩固阅读兴趣，提升语言运用能力。

2. 各阶段的分级阅读教学都围绕着英语课程内容的六个要素——主题语境、语篇知识、语言知识、语言技能、文化知识和学习策略展开。随着学生英语阅读能力和素养的逐渐提高，阅读教学的侧重点和难点会有所变化，发展模式呈螺旋式上升。图 2.6 呈现了我校英语分级阅读课程实施策略。

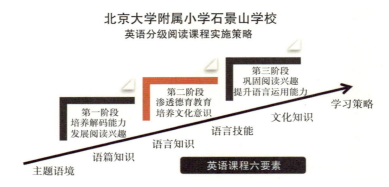

图 2.6　英语分级阅读课程实施策略

（二）实施保障

　　完善组织机构，明确管理职责：建立有效的课程组织管理网络，明确职责，保障学校分级阅读课程管理的顺利进行。英语教学主任负责英语分级阅读课程有关问题的决策；英语教研组长主要负责决策的执行；各英语团队成员主要负责具体实施。图 2.7 呈现了我校英语分级阅读课程实施保障体系。

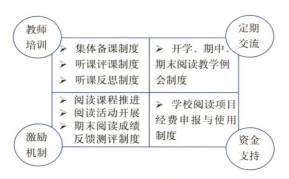

图 2.7　英语分级阅读课程实施保障体系

（三）细化分级阅读材料，为课程落地提供内容基础

　　围绕各年级绘本阅读目标，英语团队教师根据学校提出的分级阅

读选书原则挑选并确定了适合各年级学生阅读的绘本书目，包括课上的共读书阅读书目，随着年级增长而增加的课下自主阅读书目，以及寒暑假期间的阅读书目，具体如下（见表2.3）。

表 2.3　英语分级阅读课程书目规划

年级	学期课堂共读书	课后自读	寒暑假阅读	阅读书目来源	文本类型
一年级	6 本	10 本	各 5 本	"丽声"绘本	以单句为主的拼读类绘本为主
二年级	6 本	10 本	各 5 本	"丽声"绘本	拼读类绘本为主
三年级	6 本	10 本	各 5 本	"丽声"绘本	虚构类绘本为主，增加非虚构类绘本
四年级	6 本	10 本	各 5 本	"丽声"绘本	虚构类绘本与非虚构类绘本各占一半
五年级	6 本	10 本	各 5 本	"丽声"绘本	虚构类绘本占 40%，非虚构类绘本占 60%
六年级	6 本	10 本	各 5 本	"丽声"绘本	虚构类绘本占 40%，非虚构类绘本占 60%

（四）探究创新性英语阅读实施方式，提升学生阅读品质

为了让绘本阅读落实到学生的常态学习中，学校采取了课堂整本书精读、课外自由泛读、家庭阅读、线上阅读、综合实践活动等多种形式，开展多样、有趣、有效的英语绘本阅读活动，以提高绘本阅读育人水平，具体如下。

1. 课堂整本书精读

学校每周拿出一课时进行英语绘本共读书精读。教师参考年级共读书书目进行选书，结合上文中的绘本阅读课程目标体系以及具体文本内容细化每课时目标，并设计多样化的阅读教学活动，指导学生进

行课堂绘本阅读,落实目标。为提高学生绘本阅读的质量,教师可按照整本书设计和实施思路进行教学。每本书教学时间为两个课时,按照学习理解活动、应用实践活动以及迁移创新活动进行整体设计。在学生语言输出活动方面,一、二年级重在朗读表演,三、四年级重在复述仿写,五、六年级重在讲述创编。

2. 课外自由泛读

为满足学生个体的阅读需求,我校从三年级开始系统指导学生开展多样化的自由泛读活动,如课堂持续默读、课后自读等。

课后自读是组织学生利用中午时间,或是回家后开展绘本自读。在学生自读活动的组织方面,教师要发挥两方面的指导作用。一是指导学生合理选书。教师可指导学生根据五指原则选择与本人语言能力相匹配,且感兴趣的绘本进行自读。二是通过引入阅读反馈单,引导学生简单评价所读绘本,并进行语言积累,提高自读质量。教师要定期回收这些阅读反馈单(每月一次),以了解学生的阅读情况,并给予及时的个性化指导。

教师可以以绘本漂流袋的形式引导学生开展阅读交流活动。每学期开学初,由班级代表自主选择 8 本绘本补充到班级绘本阅读红箱子中,并为 8 本绘本配备固定的漂流袋。学生利用课余时间阅读绘本后,以好书推荐卡、阅读小报、词句归纳或一句话感受等形式将个人的阅读收获或感受放入漂流袋中,给同一绘本的后续阅读者以启发及帮助。绘本漂流袋的使用,实现了生生阅读思维碰撞和互动,丰富了绘本的读后形式。漂流袋每个月在年级间流动一次。教师定期对漂流袋里的内容进行收集与反馈。图 2.8 展示了班级内英语绘本阅读漂流袋作品。

图 2.8　班级内绘本阅读漂流袋

3. 家庭阅读

母语的家庭阅读是一种很普遍的现象。但英语阅读如何取得家长的支持与帮助呢？我校在不同年级采取了不同的阶段阅读活动来推动学生开展家庭绘本阅读。在不加重家长负担的前提下，我校低年级每年都开展"我教爸爸妈妈读绘本"活动。活动持续进行一周以上的时间，学生与家长都要在记录单上记录对方表现，并给对方进行评价打分。活动调动了学生学习的积极性，帮助学生有效开展家庭学习；更新了亲子阅读活动方式；在活动过程中的角色转换和换位思考，也更好地促进了学生阅读。

4. 线上阅读

在互联网＋时代，信息化背景下的绘本阅读形式已逐渐成为一种趋势。依此背景，我校分别在四、五年级的实验班中开展了线上阅读项目研究。我校打造的学校专属分级阅读平台，在纸质图书基础上拓展了近万册的原版电子绘本，并开展了线上绘本阅读及评价活动。首先利用在线阅读平台优势对学生进行阅读能力蓝思值测试，量化学生的阅读能力，了解学生目前整体的阅读水平及个体的阅读水平，并依据蓝思数据为每个学生生成个性化绘本资源包。同时引导学生结合个人阅读能力，自己制定成长目标、阅读计划，学会科学选择书籍和独立阅读。利用平台的分级阅读功能，以作业及奖励的形式鼓励学生开展在线阅读。充分利用阅读大数据，及时了解每个学生的阅读进程，对阅读内容、阅读频率、阅读量进行引导性干预及个性化指导，有效推动学生的自我发展。

5. 综合实践活动

随着学科综合实践活动课引入学校课程，我校围绕绘本阅读开展了多元、生动、丰富的实践活动，旨在充分发挥绘本阅读在学生语言、文化、思维、情感发展等方面的综合作用。学科综合实践活动要面对全体学生，学校采用了班级、年级、校级三级活动联动方式，保证全体学生都有机会参与活动。根据不同年龄段学生的学习特点，学校设计了多样化的绘本阅读综合实践活动，具体见表2.4。

表2.4　英语学科综合实践活动规划

英语学科综合实践活动内容安排					
	一年级	二年级	三年级	四年级	五年级
班级活动 （3次，3课时）	歌曲童谣联唱会（4月） 我爱表演绘本故事（2月） 我教爸爸妈妈读绘本（12月）	我爱表演绘本故事（4月） 我秀我的拼读板（2月） 英语字母设计大赛（12月）	我爱表演绘本故事（4月） 我秀我的拼读转盘（2月） 绘本单词集锦展示（12月）	我的精彩故事结局（4月） 绘本学习文件夹展示（2月） 英语故事游园会（12月）	我的精彩故事结局（4月） 绘本学习文件夹展示（2月） 英语故事寻宝（12月）
年级活动 （1次，2课时）	故事童谣展示会（6月）			绘本故事真人秀（6月）	
校级活动 （1次，2课时）	我绘我的英语世界 "My Picture Book, My World"（10月）				

我校的学科综合实践活动以发挥学生特长、体现个性发展为宗旨，引导学生以短剧表演、朗读故事、课堂实录、绘本小报、英语游记等多种表现形式，多感官、多维度、多层次地参与活动。学生阅读绘本后，能够展现出对文本的多元理解及表达内在心理感受，并能够在口头上、头脑中描绘出一个文本与现实相结合的英语世界。围绕学生对绘本的个性化理解，开展以学生策划为主、教师指导为辅的表演展示活动。学生以团队合作的方式进行节目策划、道具准备、节目排练等系列活动，在此过程中学生的个人素质、协作能力、英语语言水平都得到了提高。

五、课程评价

结合绘本阅读的课程化目标，我校英语团队在绘本阅读课程化实践中主要运用了以下三种评价方式，旨在通过这些评价方式促进学生的阅读，达到以评促读、以评促学的目的。

（一）课堂精读中的提问评价

课堂提问是阅读教学中最常见的既能促进学生对阅读文本进行意义建构、又能渗透对学生阅读策略的培养的评价工具。教师通常在读前环节通过 KWL 问题框架中的 KW 评价学生的背景知识和阅读目的，以及阅读策略使用情况。通过指向学生知识储备的问题，例如 What do you know about…?，促使学生回忆相关的背景知识，通过 What do you want to know? 帮助学生形成阅读目的。在读中环节教师根据文本内容设计系列问题链，利用 What，Why，How 等大问题评价学生的阅读理解。在读后环节教师利用 KWL 中的 L 问题，即 What have you learned?，评价学生的阅读结果。

（二）学生自由泛读中的阅读反馈单评价

可视化阅读反馈单是增强学生阅读兴趣，同时引导、督促学生自读过程和评价学生自读效果的有效工具。我校教师从三年级开始为学生的绘本自读设计阅读反馈单，并根据学生年级的增长进行调整，如从中英文双语提示到全英文提示，引导学生从单纯关注阅读内容到关注语言积累。除了图表式阅读反馈单，还根据学生喜欢图片这一特点，设计了图画式阅读反馈单，如图 2.9 展示了两份图文并茂的图画式阅读反馈单。教师将学生的阅读反馈单贴在班级墙面上展示，并鼓励学生利用即时贴对阅读反馈单进行生生互评。

图 2.9　学生完成的阅读反馈单

（三）表现性评价

教师也在学生绘本阅读中设计了表现性任务，来评价学生的学习过程和学习效果。绘本阅读中可设计的表现性评价任务包括：朗读、复述、表演、续编、创编等。对于中低年级学生，教师通过示范、指导让学生明白这些任务要达到的标准。对于高年级学生，教师和学生一起开发表现性任务评价量规，引导学生通过评价提高任务的完成质量。以下是我校教师和学生开发的绘本创编评价量规（见表 2.5 ）。

表 2.5 绘本创编评价表

Group: _____ Name: _____

		Excellent	Very Good	Good	Developing
Contents （内容）	Introduction, events, solution （介绍，事件，解决办法）	★★★★★	★★★★★	★★★	★★
Creativity （创造力）	Full of imagination （充满想象力）	★★★★★	★★★★★	★★★	★★
Handwriting （书写）	Clear and tidy （干净，整洁）	★★★★★	★★★★★	★★★	★★
Drawing （绘画）	Vivid and colorful （生动，色彩丰富）	★★★★★	★★★★★	★★★	★★
Student	Circle the points and add	Total points:	Comments: _____		
Teacher	Circle the points and add	Total points:	Comments: _____		

第三节　初中英语分级阅读课程化校本实践
——以人大附中通州校区为例

人大附中通州校区　程岚　高卓群

一、分级阅读课程化建构背景

（一）学校概述

人大附中通州校区位于北京市通州区潞城镇玉带河大街，紧邻新建的北京市委、市政府办公区，处于北京市城市副中心的核心区域，系公办完全中学。这是一所具有国际视野，体现中国特色，实现高点定位、快速发展的优质学校，力求为北京市城市副中心提供优质教育资源，正在发展成为适配北京市城市副中心建设的教育高地。

（二）英语分级阅读课程化历程

1.学生英语学习问题诊断

（1）英语阅读材料单一，无法匹配差异化阅读能力

长期以来，初中生接触的英语阅读材料大部分为英语教材和课后作业，话题与词汇量非常有限，课外阅读内容较少。学生缺乏英语文化背景和环境，且阅读量较小，因此英语阅读能力难以提高。学生英语基础差异化明显,常规英语教材的学习无法满足学生的个性化需求。

（2）学生英语阅读主动性不足，未形成良好的阅读习惯

传统的阅读课堂教学、有限的阅读材料和时间、阅读指导的缺失等导致学生阅读动力和积极性不足。长期被动的英语阅读无法激发学生的阅读主动性，而是带给学生更多的负担感。大部分初中生英语阅

读意识薄弱,并且缺乏有效的引导,因此未能形成良好的英语阅读习惯。

（3）英语阅读课堂阅读策略、思维品质培养与意义建构的缺失

传统的英语阅读课堂教学侧重词汇、语法,忽视篇章的理解和意义建构。阅读课堂的问题与活动设计缺乏层次性,大多只停留在语言重复和信息提取的层面,涉及篇章主旨、推断、目的的问题比较少。学生在阅读过程中常步入逐字逐句翻译的误区,忽略了对篇章的整体把握和对主题意义的建构与探究,对深层次理解作者意图和篇章主题思想的能力发展不足。

（4）"全人教育"理念渗透不足,课程育人价值未充分体现

除了语言知识目标之外,传统阅读课程对学生在良好的情感和道德品质、面对现实挑战、解决实际问题等方面的发展重视不足。

2. 以分级阅读为切入点的契机和举措

经过三年多的尝试与实践,师生共同参与,发挥合力,学校合理开发课程资源,利用"隐性资源",更新教学理念,支撑和扩张有效教学（程晓堂,2019）。初中英语分级阅读课程建设势在必行。

（1）分级阅读课程构建

英语分级阅读资源日益丰富。2017 年以来,学校初中英语阅读课程资源逐渐增多,纸质阅读资源包括国内出版的英语分级读物和引进的英语原版图书,能够满足初中各年级学生的阅读需求。同时,学校成立阅读俱乐部,对学生的阅读习惯、阅读能力等进行追踪与测评。此外,课程配套材料（如持续默读手册）和分级阅读活动资源也日益完善。

分级阅读课程内容优化,"社会情感能力"阅读主题分类明确。英语分级阅读课程教学与活动,在促进学生语言认知的基础上,更加

关注学生的人格品质及情感质量的发展。在分级阅读课程体系初步建构和实施的过程中，学生除了语言知识之外的本真发展需求逐渐在阅读中体现出来。如何发挥课程的育人价值，使学生通过阅读获得全面发展所必需的认知与管理自我、他人、集体的意识、知识和技能，建立积极的人际关系，形成良好的情感和道德品质，有效地面对成长过程中的挑战，成为完善分级阅读课程体系的思考方向。在分级的基础上，为了进一步凸显课程的育人价值，满足学生全面发展的需求，课程团队经过对分级阅读书目主题的筛选，结合美国社会情感学习（Social and Emotional Learning，简称 SEL）和英国社会情感学习（Social and Emotional Aspects of Learning，简称 SEAL）的内容，确定了初中英语分级阅读课程体系的多元发展目标，开发学生在自我、他人和集体三个层面的社会情感能力，使学生保持平衡发展、协调发展，获得健全成长，并按照社会情感能力对阅读资源进行主题分类，形成主题阅读资源库。

（2）联动式课程实践

分级阅读课程实践进行创新化、联动式尝试。课程实践包括教师指导全班共读（精读）、师生持续默读（泛读）和各类阅读主题活动（如读者剧场、演讲比赛、阅读大赛、读书交流会、新书发布会等）。

分级阅读教学模式发生变革。分级阅读课程采用"阅读圈""写作圈"等创新形式进行课堂教学，师生可以以多种身份参与课堂、体验课堂、与阅读文本及同伴互动。此外，分级阅读相关的各类主题活动会邀请家长参加，共同体验，实现家校联动。

（3）多元化课程评价

课程评价注重过程性、发展性和评价主体多元化。分级阅读课程评价采用量性评价结合质性评价的手段和多元化评价方式，课程评价的对象包括课程计划、参与课程实施的教师、学生、学校，以及课程活动的结果——学生和教师的发展。

（4）研究型课程团队

近年来，随着青年教师的加入，学校逐渐形成一支高素质、有科研意识和能力的教师队伍，为分级阅读课程化提供了保障。初中英语分级阅读课程团队的教师拥有相关的理论知识储备和扎实的实践基础，具有高度的教学研究热情和探索精神，能自愿、积极地参加分级阅读教育示范与指导活动，并承担相应任务。

（三）分级阅读课程化促成的师生发展

将英语分级阅读课程纳入学校课程体系近 4 年来，学生、教师均得到较为明显的发展。在教师前期指导的基础上，学生根据自身的阅读起点，启动阅读，自选读物，激发成就感；学生还根据自己的兴趣爱好，成立小组交流分享，开展多种形式的阅读实践活动。经过不断强化，学生养成了良好的英语阅读习惯，保障每天至少 20 分钟的自主阅读时间。

1. 学生发展

（1）读写品格的提升

学生阅读量增长显著。参加英语分级阅读课程的所有实验年级学生阅读量逐年累积增长，以 2019—2020 学年为例，实验年级人均阅读 68 本书，人均阅读次数 69,366.3，累计阅读 32,401 本，总词数 3,357,096 词。2018 级 1+3 项目 [①] 学生一年的有效阅读数据为 17,023,963 词，人均有效阅读次数 230,054；2019 级 1+3 项目学生一年的有效阅读数据

[①] 1+3 项目是指北京市 1+3 人才培养试验项目，入选 1+3 项目的学生初三结束后可以直升项目学校的高中

为 20,302,864 词，累计阅读 6,730 本书，人均阅读 77 本。

学生养成良好的读写习惯。全班共读完一本书后，学生以海报制作、续写、改写、剧本创作、歌曲创编等各种形式完成创意写作。学生每天坚持持续默读，并且通过撰写持续默读手册培养读写兴趣和习惯。

学生的阅读体验呈现良性转变。调查和访谈数据显示，学生对英语阅读的兴趣有所提升、态度有所转变。以参与分级阅读课程一年的2020 级 1+3 项目某班为例，76.67% 的学生认为通过近一年的分级阅读提高了英语阅读兴趣。参加阅读项目的家长在感言中提到，孩子"完全把阅读当成了一种休息和兴趣，非常痴迷""孩子自己热爱上了英语学习，尤其是看到他阅读时专注的表情和听到他读到有趣的内容时发出的欢快笑声，让我感到这是一件美好的事情"。学生的阅读题材也呈现出多元化的特点，从班级共读书到自选读物，故事类和非故事类书籍，学生均有涉及。图 2.10 展示了学生丰富多元的持续默读创意写作作品。

图 2.10　学生持续默读创意写作作品

（2）读写能力的发展

英语分级阅读课程的实施对学生读写能力的发展发挥了积极影响。以初一某学生为例，在参加分级阅读课程半年之后的初一第一学期期末考试中，英语除作文有单词拼写错误外，其他均为满分，从英语成绩上看，进步显著。2019 级 1+3 项目某学生三次蓝思阅读测评数据分别为 460L、1156L、1231L，增长十分显著。2018 级 1+3 项目学生最后一次蓝思阅读测评数据与首测对比，蓝思值平均上涨 192L。学生的写作能力也明显得到提升，开展分级阅读前，学生在写作中存在句法、词块、语块意识薄弱等问题。开展分级阅读后，通过摘抄词组和好句并且进行仿写，以及长期的创意写作练习，学生写作的用词、语法、句法和结构意识都大大增强。

2. 教师发展

（1）教师信念增强

教师的分级阅读课堂教学实践与阅读教学信念二者之间相互影响，并且具有一致性。教师在分级阅读教学实践、反思和探索的过程中，明确了分级阅读的教学目的、内容、师生角色、活动设计及对学生阅读表现的反馈，逐渐构筑了学生主体性教学信念。经过三年多的实践，学生的分级阅读成果和学生英语成绩的正向反馈以及团队内教师相互之间的积极影响，使得英语教师更加相信阅读的力量。不同年龄、教龄的英语教师的信念普遍趋向良好，对于分级阅读教学的预期目标也有积极转变，从知识本位转向全面发展。随着教师信念的变化，教师自身的行动力和分级阅读教学的有效性得以提升，进一步促进了教师信念的增强和职业发展，由此实现良性循环。

（2）基于分级阅读的教学研究能力提升

开展分级阅读，实现以读促研。教师聚焦分级阅读课堂教学，激发和培养学生英语学习兴趣的同时，也提升了自身的科研能力。程岚老师经过多年的阅读教学研究，提出"阅读圈"到"写作圈"的读写结合的阅读课堂方案，指导教师进行多次课堂实践，撰写论文《基于核心素养的中学英语文学阅读课程实践与思考》并发表；李琦老师针对整本书阅读提出"1—1—1"策略，撰写论文《使用"1—1—1"模式处理故事文本整本书阅读的教学设计——以〈多维阅读第 17 级〉*Superkid Heroes* 为例》并发表；高卓群老师提出教育戏剧作为读后活动与英语阅读课堂结合的新思路——"CATE"目标学习法，撰写论文《教育戏剧与英语文学阅读相结合的实践研究》并发表。学校分级阅读研究团队编写《多维阅读第 17 级教师用书》和《多维阅读第 18 级教师用书》，2019 年 7 月由外语教学与研究出版社出版。初中英语分级阅读课例《成长的烦恼——青少年励志读物 Cool Clive 整本书阅读教学设计》入选张金秀教授主编的《中学英语整本书阅读精品课例选粹（第一辑）》，2020 年 8 月由北京师范大学出版社出版。教师的教学研究能力在分级阅读教学实践中得到全面发展。

（3）基于分级阅读的教学实践能力提升

开展分级阅读，实现以读促教。2018—2020 年，课程研究团队获奖共计：全国教学课例评比一等奖 5 人；全国创意写作与读写结合教学设计评比一等奖 2 人；市级教学设计评比一等奖 2 人，二等奖 2 人；市级教育戏剧课本剧剧本评比一等奖 3 人，二等奖 4 人，三等奖 2 人。学校青年教师承担 2 节分级阅读全国展示课，4 节市级公开课。基于丰富的研究和实践经验，学校 2020 年和 2021 年两次入选"播种阅读 1+1"公益行动示范校，和结对学校组建英语阅读教学实践共同体，共同探讨英语分级阅读教学。教师的教学实践能力在分级阅读课程体系的建构和完善过程中逐渐提高。

二、课程目标

（一）课程总体目标

人大附中通州校区初中英语分级阅读课程贯穿学校"人通·心通"课程体系中的"基础、拓展和荣誉三级课程"。为了明确研究思路，保证课程设计与实施的正确方向，本课程指向英语学科育人价值、英语学科读写素养与社会情感能力发展，以"培养什么人"为思考重点，将思维放在更重要的位置，进一步凸显英语课程的育人价值，将工具性和人文性统一起来，即通过分级阅读，培养学生的语言交流能力、逻辑认知能力和社会生活能力，从而帮助学生成长为终身学习者和积极阅读者。基于英语学科核心素养，笔者从语言能力、文化意识、思维品质和学习能力四个层面解读分级阅读课程目标。

从语言能力上说，学生能够形成语言意识和语感，在具体语境中整合性地运用已有语言知识，具备在社会情境中以听说读写看等方式理解和表达意义的能力，有效地进行人际交流。

从文化意识上说，学生能够获得文化知识，坚定文化自信，增强家国情怀，进行跨文化交流，用英语讲述中国故事、传播优秀中华文化。

从思维品质上说，学生能够形成社会成长所需的逻辑思维能力和情感能力，具备自我认知、他人认知、集体认知的能力，主动实践、批判思考、积极反思、创新表达、正确评判，能够运用已知、与他人合作解决实际问题。

从学习能力上说，学生能够养成良好的读写习惯，提升自主读写意识，多渠道获取英语学习资源，明确目标，有效规划，积极主动地监控、评价、反思和调整学习内容和进程，形成自我管理、他人管理和集体管理的能力，有效面对成长过程中的挑战，获得身心全面协调发展。

（二）课程分级目标

为落实初中英语分级阅读课程总目标，研究团队将培养终身阅读者和积极阅读者这一总目标有重点、有衔接地分解到各年级，体现整体规划和分阶段培养的整体性和进阶性。学生在三年的时间跨度内，围绕社会情感能力进行主题探究，思维方式依次进阶，逐级深化。表 2.6 展示了人大附中通州校区初中英语分级阅读课程体系分年级目标。

表 2.6　初中英语分级阅读课程体系分年级目标

初中学段	培养终身阅读者和积极阅读者
初一	➢ 能够推测读物中的逻辑关系和主题，联系个人生活经历或体会理解读物中的人物和事件； ➢ 能够根据生活经验或已有知识，针对读物提出疑问，判断读物内容是否合理； ➢ 能够在阅读后简单写出自己的感受，并逐步形成习惯。
初二	➢ 能够在阅读中收集新的信息修正推测，推断出读物暗含的主题或重要观点，并讨论其与现实生活的联系； ➢ 能够根据不同阅读目的采用不同的阅读方式，如精读、泛读、略读等，并调整阅读速度； ➢ 能够边阅读边思考，总结阅读收获，对自己的阅读进行阶段性反思和总结，制定下一阶段合理的阅读计划。
初三	➢ 能够赏析故事类和非故事类读物的语言特点，发现写作特点和情感基调，将读物中的问题与当今社会联系起来并进行评价； ➢ 能够整理、概括读物中重要的观点和信息并用于讨论和写作，挖掘写作意图； ➢ 能够养成良好的读写习惯，做出合理的阅读计划并适时调整，反思自我和评价他人。

三、课程内容

（一）课程体系框架

在英语分级阅读课程目标引领下，我校确定了课程体系框架（见表 2.7）。

表 2.7　初中英语分级阅读课程体系框架

课程层级	课程内容	课程实施策略	课程目标
分级阅读基础读物	桥梁书 （兼顾虚构类与 非虚构类读物）	课堂共读书精读 课堂持续默读 课后自由泛读 寒暑假共读书泛读	培养读写意识 形成读写习惯
分级阅读引进读物	引进读物 （兼顾虚构类与 非虚构类读物）	课堂共读书精读 课后自由泛读 寒暑假共读书泛读	提高读写能力 增强语言运用
分级阅读实践活动	读者剧场 阅读大赛 演讲比赛	班级展示 年级展示 校级展示	加强人际沟通 发展创新思维

（二）课程内容规划

　　我校结合分级阅读课程"培养终身阅读者和积极阅读者"的总目标和分年级目标，依托分级阅读课程体系框架，基于初中各年级学生英语学习基本情况和能力调查，围绕社会情感能力的主题对初中各年级分级阅读资源进行筛选和分类，确定初中英语分级阅读资源库包括文学读本和科普读物。文学读本的话题均为青春期读者感兴趣的主题，如成长的历程、细腻的情感、与家人朋友同学的关系等；科普读物涵盖"人与自我""人与社会""人与自然"三大主题语境，广泛涉及人文社会科学和自然科学领域的内容。从初一到初三的分级阅读资源呈现"学习进阶"的特点，读物类型从故事类为主逐渐转向科普类为主，文本语言由易到难，阅读话题从自我、他人的认知与管理逐渐上升到集体的认知与管理。

四、课程组织实施

（一）课时安排

各年级每周利用课后时间安排分级阅读教学活动，保障每天至少10分钟的持续默读时间。

（二）教学内容整合

依据"大单元""大观念"对教材内容进行合理整合，基于主题意义探究，补充分级阅读资源。

（三）课程实施策略

1. 细化分级阅读材料，为课程落地提供内容基础

结合社会情感能力学习内容,从分级阅读资源库中挑选出符合初中生心理发展特点和语言学习习惯的读物作为教师指导全班共读的书目（见表2.8、表2.9和表2.10）。所筛选的分级阅读材料主题由自我意识向外逐步拓展为社会意识，围绕"全面协调发展的人"这一育人目标，发展学生作为积极的社会公民所需的社会情感能力。学生通过分级阅读课程学习和活动，能够发展以下能力：准确认识自身感受、兴趣、价值观和能力优势，自知自信，管理自己的情绪，在挫折和阻碍面前坚持不懈，设置目标并监督自己不断向目标靠近和进步；具有同理心，认识并学会欣赏自身和他人的异同，在合作的基础上建立并维持健康、有益的人际关系；独立解决问题，必要时向他人寻求帮助；反思自我，相互评价。

表2.8 初一分级阅读材料

图书名称	文本类型	话题	社会情感学习主题
Born to Be Free	科普类	人与动物	保护动物
Food for All	科普类	与自然和谐共生	保护自然，培养社会责任感
Shapes of Houses	科普类	人类生存与环境的关系	创意性地解决问题
Nick Nelly and Jake	故事类	良好的人际关系与人际交往	坚持原则，友善待人
Uncle Al Goes Camping with Us	故事类	良好的人际关系与人际交往	摒弃成见，包容理解他人
Polluted Playgrounds	科普类	环境保护	治理污染，保护环境
Crossing the River	科普类	人类生存与环境的关系	创意性地解决问题
Orphan Elephants	科普类	人与动物和谐相处	保护动物，培养感恩之心
Home, Safe Home	故事类	家庭生活	关心家人
Bossy Cousin Kate	故事类	良好的人际关系与人际交往	自己的事情自己做，友善待人
Walrus Joins In	故事类	做人与做事	认识与提升自我
Noisy Neighbours	故事类	良好的人际关系与人际交往	相互尊重，友好待人
Arctic Hero - The story of Matthew Henson	故事类	人与自我，人与自然	认识自我，探索自然

表 2.9　初二分级阅读材料

图书名称	文本类型	话题	社会情感学习主题
Skycar	科普类	发明与技术	创意性地解决问题
Almost Gone	科普类	人与动物	保护动物
A Space Holiday	科普类	宇宙探索	探索宇宙
Chicken Beat	故事类	良好的人际关系与人际交往	尊重他人，帮助他人
Sam's Story	故事类	正确的人生态度	自信乐观，悦纳自我
Facing the Future	科普类	生态环境	关注气候变化，培养社会责任感
Rumbling Giants	科普类	自然灾害	防范自然灾害
Melting Ice	科普类	人与环境、人与动物	保护环境，保护动物
Abby's Lesson	故事类	公民义务与社会责任	培养规则意识
Down the Drain	故事类	文明的行为习惯	培养规则意识
Coming Clean	故事类	优秀品行	培养规则意识
Cool Clive	故事类	劳动实践	自我认知，他人认知
The Luckless Monster	故事类	良好的人际关系与人际交往	自我认知，他人认知

表 2.10 初三分级阅读材料

图书名称	文本类型	话题	社会情感学习主题
Too Wet – Too Dry	科普类	与自然和谐共生	关注气候变化，培养社会责任感
Strong Teams	科普类	动物	团体协作解决问题
Moving In	科普类	人与动物	保护动物
Superkid Heroes	故事类	优秀品行	勇于担当
Living in Two Worlds	故事类	家庭生活	培养同理心，与家人和谐相处
Drones – Helpful or Harmful?	科普类	科技发展与创新	培养社会意识
Helping the Helpless	科普类	人与动物	保护动物
How Amazing	科普类	自然与人文奇迹	保护自然和人类遗产
Ancient Navigators	故事类	科技发展	创意性地解决问题
Uncle Al – Trouble Again	故事类	家人和亲友	培养积极的生活态度
What Is Soil ?	科普类	土壤、细菌、植物	因地制宜，适者生存，保护土壤
Trouble on the Bus	故事类	良好的人际关系与人际交往	培养积极的生活态度和社会责任感与公德心
The Emperor Penguin	科普类	南极洲、企鹅、生物繁殖	与自然和谐相处
The King's Jokes	故事类	家人、爱好、情感	培养同理心，积极乐观
The Personality Potion	故事类	人与自我、校园生活	自我认知与成长

图书名称	文本类型	话题	社会情感学习主题
Petey	故事类	人际关系	自我认知，与家人相处

2. 创新英语阅读实施方式，提升学生阅读品质

教师在课上带领学生精读指定的共读书目，通过丰富的读写活动，学习阅读策略以及写作策略，培养学生的读写素养。对于自由泛读书目，学生每天进行持续默读，保持阅读频率，撰写阅读报告或书评，进行好书推介，从而提升综合读写素养。

（1）从"阅读圈"到"写作圈"

研究团队通过实践探索出三课时读写结合的英语分级阅读课堂方案：第一课时，教师引导学生初读文本，激发阅读兴趣，了解阅读策略与词汇学习策略，促进学生对文本内容与结构的整体感知；第二课时，教师引导学生进行"阅读圈"研讨，运用结构化视图工具或问题链等与文本互动，基于文本结构、内容与词汇进行理解性表达，完成"阅读圈"学案，基于文本进行写作，积累素材；第三课时，教师引导学生利用"写作圈"创作，基于多元智能理论进行超越文本的创新性表达，可唱可演可画可写，并基于评价量表进行同伴互评。此外，利用寒假和暑假，分级阅读课程实验班级完成长篇共读书目，填写导读手册，开学前两周参加讨论课和读写结合课，在学校英语节进行阅读成果分享。读写结合课程中，学生通过讨论交流和评价活动能够实现在语境中进行语言交流的目标，促进思维发展，锻炼人际沟通能力。图2.11展示了从"阅读圈"到"写作圈"的活动探索。图 2.12 和图 2.13 分别展示了 *Cool Clive* 和 *Drones: Helpful or Harmful?* 两本书的读写结合教学

方案。

（2）从整本书阅读到整本书创作

在 1+3 项目初三学段完善文学阅读和创意写作课程的开发，提炼从整本书阅读到整本书创作的教学模式，让学生利用一年一度的新书发布会活动推介自己的原创小说，全方位展示自己的英语素养水平和自知自信的社会情感能力。图 2.14 呈现了学生的整本书创作成果。

图 2.11　从"阅读圈"到"写作圈"的活动探索

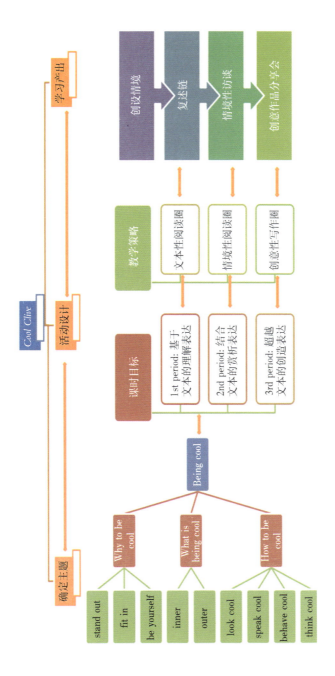

程岚，王益芹，李婷婷，李琦《成长的颁饬——青少年励志读物 *Cool Clive* 整本书阅读教学设计》

图 2.12 *Cool Clive* 虚构类读物读写结合教学方案

图 2.13　*Drones: Helpful or Harmful?* 非虚构类读物读写结合教学方案

图 2.14　整本书创作成果

（3）从读者剧场到教育戏剧

研究团队基于课外阅读教学实践，探索出读者剧场和教育戏剧作为读后活动运用于文学阅读课堂的方案：第一课时为学习理解，教师带领学生初读文本，熟悉框架结构、故事脉络和主要人物；第二课时为应用实践，学生通过读者剧场的表演，自评，互评，分析人物特征，探究故事主题；第三课时为迁移创新，学生进行创意写作，自编自演戏剧作品。学生根据虚构类读物创编读者剧场或者戏剧剧本，教师修改后，学生进行排练和展演，以演促读，以演促说。读者剧场和教育戏剧应用活动与英语分级阅读课程相结合，学生的表达力、想象力、创造力、沟通能力和合作能力都得到了显著提高。

（4）从教师指导阅读到自主阅读

研究团队面向初中学段学生招募阅读社团成员。学生自愿加入阅读社团，自主管理每天的阅读行为，根据自选的阅读书目，进行手抄报制作、读后感写作等读后输出活动，并以 Monthly Book Talk 的形式进行全校分享。图 2.15 展示了学生个性化阅读成果样例。

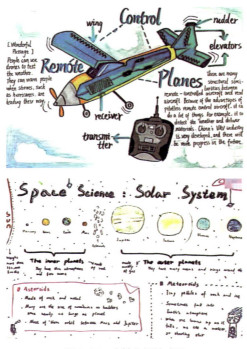

图 2.15　个性化阅读成果

（四）实施保障

1. 条件支持

学校建有规范的图书馆和英语阅览室，与人大附中本部校区共享数字校园网，拥有丰富的阅读资源和多媒体教学资源，具备定期开展课程交流、课程录播、网络教研、群组协作、育人资源分享等活动的硬件和软件条件。

2. 教研活动

初中英语教研组每周安排固定的英语教学研讨时间，分级阅读教学研究的时间有充分保障。此外，人大附中通州校区作为"播种阅读1+1"示范校，与结对学校英语教师定期就分级阅读课程教学进行共同教研和讨论，并交流分级阅读活动的实施情况。

3. 教师队伍

课程体系的开发者程岚老师2018年10月加入北京教育学院卓越教师工作室，带领团队教师参与张金秀教授主持的"阅读素养视域下中小学分级阅读课程化研究"，同年入选通州区"运河计划"领军人才，成立通州区运河计划教育领域人才工作室。程岚老师带领研究团队开展丰富的分级阅读教学研究和实践活动，学生批判性阅读和创新性表达的能力均有显著提升，学校由以前的农村校（原通州三中）成长为英语分级阅读课程体系完备、文学阅读与创意写作并举、读者剧场与教育戏剧效果突出的英语特色学校。

4. 激励机制

研究团队以增值评价的方式调动教师积极性，通过英语分级阅读测试获取学生阅读起点和阅读能力发展的有效数据，实现以评促教。科学的测评能够帮助教师找到合理的教学方式和管理手段，帮助学生找到真正有效的学习策略。

五、课程评价

分级阅读课程体系进行过程性课程评估，通过多角度课程评价指导教师关注学生向积极阅读者发展的过程和结果，进而灵活调整课程的设计和实施（张金秀、徐国辉，2018）。为了进一步完善英语分级阅读课程体系，课程评价更加关注学生的阅读学习过程和阅读活动中行为表现的变化，系统地收集课程相关信息，为科学决策和调整提供依据。

（一）课程学业质量标准

学生通过本课程的学习，在学科核心素养方面应能达到下表（见表 2.11）描述的学业质量标准。

表 2.11　初中英语分级阅读课程学业质量标准

语言能力	形成语言意识和语感，在具体语境中整合性地运用已有语言知识，具备在社会情境中以听说读写看等方式理解和表达意义的能力，有效地进行人际交流。
文化意识	获得文化知识，坚定文化自信，增强家国情怀，进行跨文化交流，用英语讲述中国故事、传播优秀中华文化。
思维品质	形成社会成长所需的逻辑思维能力和情感能力，具备自我认知、他人认知、集体认知的能力，主动实践、批判思考、积极反思、创新表达、正确评判，能够运用已知、与他人合作解决实际问题。
学习能力	养成良好的读写习惯，提升自主读写意识，多渠道获取英语学习资源，明确目标，有效规划，积极主动地监控、评价、反思和调整学习内容和进程，形成自我管理、他人管理和集体管理的能力，有效面对成长过程中的挑战，获得身心的全面协调发展。

（二）课程教学和阅读活动中的表现性评价

为了更好地评价学生的实际操作能力、解决问题的能力，尊重学生的个体性、创造性和主体性，分级阅读课程化教学和阅读活动按照明确的评价标准、客观的评分细则、灵活的评价方式和有效的评价结果，评价学生在读者剧场、持续默读手册、阅读圈、写作圈等表现性任务中的行为表现和发展。表 2.12 展示了我校英语分级阅读课程表现性评价体系。

表 2.12　分级阅读课程表现性评价体系

评价维度	评价对象	评价工具	评价主体
语言表现	读者剧场	评价量表	教师、学生
	持续默读手册	评价量表	
	阅读圈	评价量表 检查表	
	写作圈	评价量表 检查表	
阅读习惯	每天打卡	检查表	教师、学生、家长
阅读体验	读后分享交流	检查表	教师、学生
综合表现	阅读主题活动	评价量表 在线测评平台	教师

针对语言表现，读者剧场活动和持续默读活动采用评价量表的形式进行评价，评价主体为教师和学生，教师进行口头和书面评价，学生利用评价量表进行口头和书面的自评和互评；在阅读圈、写作圈活动中，学生主要采用评价量表或检查表的形式进行自评和互评，评价量表或检查表的评价标准根据具体的学习活动和任务内容确定，这种

评价方式能够帮助学生聚焦具体的任务内容，明确学习要求，关注学习过程。表 2.13 是读者剧场评价量规，表 2.14 是持续默读手册评价量规，表 2.15 是写作圈评价量规。

表 2.13　读者剧场评价量规

评价内容	评价维度	4 ~ 5	2 ~ 3	0 ~ 1	得分
语言	发音	标准	基本准确，5 个以内错误	不太准确，5 个及以上错误	
	流畅度	流利	基本流利	停顿过多	
	语速	适中	偏快或偏慢	过快或过慢，影响表演	
	语调	有适当的变化	变化较少	无变化	
	声音	足够大	一般	太小	
表演	参与	全员参与	基本全员参与	参与度不高	
	互动	演员之间有恰当的互动	互动较少	无互动	
	肢体语言	加入丰富的肢体语言	有肢体语言，但不多或不太恰当	无肢体语言	
	可理解性	诠释的人物形象或情节贴近故事	与故事部分不符	与故事完全不符	

续表

评价内容	评价维度	4～5	2～3	0～1	得分
创造性	音效	有创意性的自制音效	音效一般	无音效	
	情绪	有恰当的情绪表达	情绪变化不多	无情绪起伏变化	

表 2.14　持续默读手册评价量规

Self-Evaluation Chart

Date:

Name of the book	
Name of the author	

Page _____ to Page _____	About _____ words	Time taken: _____ minutes

Self-Evaluation:

The scale 1 − 5 ranges from not good to excellent

Throughout my reading:

I have fully understood the plots in the story / the knowledge in the book.　1　2　3　4　5

I have become better at choosing the new words that matter the most in a sentence to improve my reading efficiency.　1　2　3　4　5

I have improved my skill at guessing the meaning of new words.　1　2　3　4　5

I have found out at least 2 useful sentence structures for me.　1　2　3　4　5

I have tried to create my own sentences by imitation.　1　2　3　4　5

I have done better in making reasonable comments.　1　2　3　4　5

Further improvement I should focus on:

续表

Peer Evaluation Chart		
	A	B	C
Contents	Complete summary and specific key information; Coherent.	The summary is complete, but the information is not specific enough; Coherent in general.	The summary is over general; Not coherent enough.
Language	At least 5 new words; The meaning of each word is checked; The newly made sentences are logical and inspiring; Within 3 grammar mistakes for each page.	At least 3 new words; The meaning of each word is checked; The newly made sentences make sense; Within 5 grammar mistakes for each page.	Less than 3 new words; The meaning of each word is not checked; It's hard to understand the newly made sentences; Over 5 grammar mistakes for each page.
Thinking	The questions and comments are creative, insightful, and logical; My peer has reflected on what s(he) should improve.	The questions and comments are insightful and logical; My peer has reflected on what s(he) should improve.	The questions and comments are readable; My peer doesn't reflect on what s(he) should improve.

One suggestion for my peer:

表2.15　*Too Wet – Too Dry* 写作圈评价量规

Criteria			Group: _____		
			A	B	C
Key Words	FL	Such as "deal with extreme climate"			
	LR	Such as "it rains for months; roads turn into rivers; learn how to survive in such a climate"			
	FR	Such as "carve out waterfalls and caves; people came to explore; flood; wash seeds and crops away; insects and diseases; things rot"			
	CE	Such as "location of land and sea; terrain; leeward slope / windward slope"			
	EM	Such as "suggest, local people, tourists"			
His or her language is correct, fluent and logical.					
His or her explanation is correct, complete and reasonable.					
His or her presentation is clear, and he or she has eye contact with the audience.					
He or she cooperates and interacts with group members well.					

　　针对阅读习惯，学生利用持续默读手册和打卡表进行阅读打卡，主要采用检查表进行评价，评价主体为教师、学生、家长，教师每日批阅、检查学生的读写情况并反馈给家长，学生定期开展阶段性互评。

　　针对阅读体验，在定期读后分享交流会上，教师和学生利用检查表进行口头评价。

　　针对综合表现，在阅读主题活动中教师利用评价量表对学生的表现赋分评价，或利用在线测评平台获取学生阅读能力变化的数据。

课程团队根据具体教学实践，探索出针对不同类型任务的表现性评价量规，体现了情境化（与表现性任务在同一情境下），具体化（可实施、可检测），一致性（教学评一致），参与性（师生共同参与）的特点。除注重过程的评价之外，分级阅读课程还注重比较学生纵向的发展状态，聚焦学生的进步程度，尊重学生的个体差异，关注学生的学习起点、过程与结果，不以单次测量结果作为评价的依据，体现阅读中的"增量"和"提质"。学校借助蓝思阅读测评体系和中国英语阅读教育研究院"播种阅读1+1"行动提供的英语分级阅读测试系统发展测评体系，为学生建立阅读信息数据库和针对学生个体发展的档案信息，逐步形成注重知识增量、能力提升、情感和态度变化的测评方案。

多元的课程评价能够激活教师和学生的积极性，助推学生的进步、教师的改进和课程的优化，树立内生的发展观和质量观，体现课程的发展性理念，最终帮助学生正确认识自己、为自我发展赋能。

第四节 高中英语分级阅读课程化校本实践
——以北京二中为例

北京市第二中学 向瑞方

一、分级阅读课程化建构背景

北京市第二中学是一所市级示范普通高中校，在校学生1200人。自2007年以来依据国家课程框架，学校不断构建和完善适合自身发展特色的各学科校本课程体系。其中，英语分级阅读课程化建设始于2012年阅读课改的推进，从建立专门的外文阅览室开始逐步累积原版书资源，进而推动了英语教研组教师集体研发分级阅读教学课程的进程。迄今为止，学校完成了近三轮分级阅读教学实践和经验总结，建构了比较完善的校本课程体系，取得了丰硕的课程成果，如《"英语原文阅读"校本课程设计与实施研究报告》获得了2018年北京市优秀课程成果建设一等奖、课程设计和实施在2019年第五届中国阅读大会得到推介；改进版《高中英语分级阅读》校本课程荣获2021年北京市首批特色课程认定。逐渐成熟的分级阅读校本课程的实施促进了师生共同发展。学生因为持续大量的原版阅读获得英语能力的提升和阅读素养的发展，进而取得优秀的高考成绩；教研组每位教师亲历课程化过程，在阅读教学百花齐放的同时增强了教研凝聚力和创造力，形成了具备丰富分级阅读教学智慧的教师共同体。我校分级阅读课程模式因其规范性、实操性以及实效性在全国高中英语分级阅读教学实践中取得了显著的引领性优势。

作为国家课程的有效补充，本校本课程是英语组教师根据学生需求自主研发教学资源和实施方案的拓展类课程体系。本校使用的分级阅读资源全部为不加简化或翻译的原文资料，包括原版青少年文学作品、短篇小说、原文杂志和报刊时文等。高中三年下来，学生阅读量远超课标建议的30万词，基本养成了阅读原版书的能力和习惯；结合阅读开展的多项学习活动培养了学生多方面的核心素养，如积累了地道的语言知识、拓展了多元文化意识、锻炼了逻辑辩证的思维品格以及培养了自主规划阅读和合作探究的学习能力。基于前两轮的课程经验，本轮分级阅读课程更加注重学生的实际收获，以年级和学生水平为分级依据，细化了分级目标，并精选了阅读资源和优化了教学设计。

二、课程目标

（一）英语分级阅读校本课程的总目标

1. 以学生为中心，实现文本育人价值

普通高中英语课程的总目标是全面贯彻党的教育方针，培育和践行社会主义核心价值观，落实立德树人根本任务，在义务教育的基础上，进一步促进学生英语学科核心素养的发展，培养具有中国情怀、国际视野和跨文化沟通能力的社会主义建设者和接班人。普通高中英语课程应遵循多样性和选择性原则，根据高中学生的心理特征、认知水平、学习特点以及未来发展的不同需求，开设丰富的选修课程（中华人民共和国教育部，2018）。因此在英语分级阅读课程的内容选择上，既要考虑不同年龄高中学生的年龄特点、心理特征、思维水平，更要考虑文本的思想性，以德育为魂，让学生通过原文阅读，形成正确的世界观、人生观和价值观。

2. 培养和发展学生的英语学科核心素养

学科核心素养是学科育人价值的集中体现，是学生通过学科学习而逐步形成的正确价值观念、必备品格和关键能力。英语学科核心素养主要包括语言能力、文化意识、思维品质和学习能力。分级阅读课程使用的文本篇幅均长于课本教材，丰富了提升语言能力所需的社会情境，有助于学生在全球化背景下提高跨文化意识，培养家国情怀，成长为有文明素养和社会责任感的人。在学习过程中，学生通过自主

学习、合作学习、探究学习等学习方式，发展分析问题和解决问题的能力，提升逻辑性、批判性、创新性水平，并积极运用和主动调适英语学习策略，做好自我管理，养成良好的学习习惯，自主高效地开展学习，全面提高学用能力。

3. 培养学生的阅读素养

处于基础教育阶段的中学生的英语阅读发展目标是成为积极的阅读者。学生应具备较高水平的阅读素养，即优秀的阅读能力和阅读品格。本课程目标是通过广泛大量的阅读实践帮助学生培养高水平的理解能力、表达能力，养成良好的阅读习惯和收获积极的阅读体验（张金秀，2017）。

（二）英语分级阅读校本课程的具体目标和体系

在总目标指导下，本校本课程按学生英语能力发展水平制定了进阶式课程目标。水平一阶段以培养原文阅读能力和习惯为主；水平二阶段侧重阅读体验和策略应用；水平三阶段则专注学术阅读能力培养。这些目标的设定来源于前两轮阅读教学的经验和学生在不同水平阶段阅读能力发展的规律。所选择的阅读内容从经典青少年文学作品过渡到短篇经典和报刊时文，体裁从虚构类读物过渡到非虚构类作品。图2.16 呈现了我校高中英语分级阅读校本课程体系。

三、课程内容

（一）选材依据

依据分级阅读课程发展目标，本课程分别选择了经典青少年文学作品中的长篇原版小说、多元风格的经典短篇小说以及非虚构类报刊

图 2.16　高中英语分级阅读校本课程体系

时文等教学材料。课程内容的选择主要考虑了以下因素。

1. 主题内容丰富全面，富有育人价值

无论是青少年文学经典小说，还是名家短篇、报刊时文，所选文本的主题都覆盖了高中课程标准所要求的"人与自我""人与社会""人与自然"三大主题语境。所精选的文本具备多元题材体裁，同时能够传递给读者豁达、积极的世界观、人生观和价值观，具备积极的育人价值。

2. 语言地道，难度适宜，符合学生的英语水平

本课程所精选的经典原版资源，语言真实地道，内容和词汇难度尽量贴合高中生的认知特点和英语水平，随着学生阅读能力的增长逐步增加难度。优先安排了优秀的青少年文学作品作为高一阅读养成阶段（水平一）的入门材料。短篇小说以及报刊时文的选择和教学顺序也遵循这一原则。在长时间持续阅读和充足的学用活动过程中学生得以逐步提高阅读能力。同时，我们运用蓝思测评体系对学生的英语阅读能力做了测试，如 2019 年 9 月所做的测试显示我校高一学生平均蓝思值为 586L，高二学生平均蓝思值为 790L，高三学生平均蓝思值为 960L。我们在选材时会为不同年级学生选择比其蓝思值高 50~100L 的原版读物或材料。

3. 体现学科核心素养价值，利于开展丰富的教学活动

所选课程资源承载了独特的思想价值和文化知识，具备开发丰富灵活的教学活动的可能性，有利于培养学生英语学科核心素养，包括阅读能力和阅读品格。

（二）分级阅读课程内容的选择

基于以上课程目标和选材原则，本课程在教学内容选择上着重体

现了不同水平的目标要求。高一年级（水平一）以培养原版书阅读的能力和习惯为主，因此精选了 2~3 本中长篇青少年文学作品，泛读精读相结合；教师带领学生集中一段时间完成阅读，并在课堂上进行阅读策略的指导和组织开展阅读活动。高二年级（水平二）通过 2 本长篇作品泛读指导学生继续练习和熟悉阅读策略，增长读写素养；同时重点进行名家经典短篇小说的精读教学，帮助学生拓展文学视野，体会多元写作风格，并围绕文本主题开展语言赏析和运用的学习活动。高三年级（水平三）则着眼于提升学生学术阅读的能力，以权威地道的报刊时文为教学资源，按主题分类进行课堂精读教学，帮助学生熟悉非虚构类文本的写作特点，克服学术阅读的障碍，提升学术阅读和应试的能力。我校高中英语分级阅读校本课程分级目标和内容简图见图 2.17。

图 2.17　高中英语分级阅读校本课程分级目标和内容简图

（三）课程内容的具体安排

本课程精选了以下文本材料作为教学内容（高三的报刊时文有时效性，以 2020 年秋季高三年级使用资源为例）：课时数为课堂指导用时，不包括持续默读课时（本课程鼓励教师利用课堂时间带领学生集体阅读）。下表（见表2.16）中呈现的课程内容为封顶设计，教师可以依据学情选择和实施能完成的内容。

表2.16 高中英语分级阅读校本课程内容安排（以各年级上学期为例）

年级 / 水平	课程内容	文本简述	选材意图	课时 安排
高一 / 水平一 （经典 青少年 文学作 品I）	*Holes*	一个男孩被错判到劳动改造营，最终依靠乐观顽强的努力获得人生逆转的故事。语言简单风趣，情节跌宕，人物性格鲜明。体现了逆境中的成长和坚守良善之心。	故事生动有趣，学生容易读下去。适宜进行文学作品的人物性格分析、主题讨论和写作手法教学。	4 课时
	The Boy in the Striped Pajamas	二战期间一个纳粹军官的儿子和一个集中营里的犹太小孩儿建立了友谊，并共同走向未知的故事。从儿童视角看待战争的影响，语言平易，思想深刻。体现了重大历史事件中环境对人的影响。	进一步学习文学作品的写作手法，探究战争背景下人性的善与恶。地道语言值得赏析和积累。	5 课时
	Wonder	面部有缺陷的小男孩在家人朋友的关爱和帮助下逐渐融入学校生活的故事。多人物、多角度的写作手法很独特。语言生活化，故事感人。	从不同人物视角理解一个"异类"如何艰难成长为"普通人"的过程。语言教学上重点学习如何描述人物的内心活动。有丰富的读后活动。	5 课时

续表

年级 / 水平	课程内容	文本简述	选材意图	课时安排
高二 / 水平二（经典青少年文学作品 II + 短篇小说）	*Tuesdays with Morrie*	感悟老教授的临终智慧，探讨生命、爱情、家庭、死亡等人生主题。分 14 个话题，语言平易，处处金句。	通过人物对生命诸多重大主题的反思带领读者思考自己的人生。适宜开展讨论。	4 课时
	Flipped	青梅竹马一起成长的故事，以第一人称双视角分别描绘了男孩和女孩的心路历程，对家庭、友情、爱情、自我成长等诸多青少年关注的主题有很深刻的探讨。语言非常地道，有一定难度。	引导学生代入自己的人生经历与两位主角共鸣，帮助学生理解成长是让自己和关心的人变得更好。适宜组织丰富的活动。	5 课时
	The Fun They Had	科幻小短篇，借助两个未来世界的儿童的视角反思学校的形式和教育的意义。语言平易，观点令人惊奇。	非常简短，充满想象力的小故事。与现实贴近，很容易引起学生思考。	1 课时
	Satisfaction Guaranteed	科幻短篇，探究了机器人和人类共同生活的可能性。语言丰富地道，人物刻画生动。	机器人之父阿西莫夫的代表作。学习其生动的人物心理活动描写，思考机器人与人类的关系。	2 课时
	Shells	14 岁男孩和姨母在收养寄居蟹的过程中逐渐走出自己的"壳"，接纳彼此的温情的小故事。语言精练传神，象征手法独特。	成长类短篇小说。探讨亲情与人际关系的构建。学习象征的写作手法。	2 课时

续表

年级/水平	课程内容	文本简述	选材意图	课时安排
高二/水平二（经典青少年文学作品 II + 短篇小说）	*Nightingale and Rose*	为了帮助男孩达成爱情愿望，夜莺毅然决定用自己的生命之血培育一朵红玫瑰。	英国唯美主义作家王尔德的代表作。体会其华丽的语言表达。	1 课时
	Time Sweeper	时间收集人忙于将人们浪费掉的时间收集起来，将其像货物一样回收再利用。语言幽默地道，寓意深刻。	很有寓意的有趣故事，启发学生珍惜时间，珍惜当下。	1 课时
	A Clean, Well-Lighted Place	描述了一位老人和两个侍者在咖啡厅的短暂共处时光。同样的空间，不同的内心世界。	海明威短篇小说代表作。体会其极简主义的写作风格。探讨生命的尊严、人生的价值等主题。	1 课时
	The Gift of the Magi	一对贫困的年轻夫妇忍痛割爱，互赠礼物。贫困生活中的美好爱情。	短篇小说巨匠欧·亨利的经典篇目。欣赏其细腻的写作手法。	2 课时
高二/水平二（经典青少年文学作品 II + 短篇小说）	*Two Kinds*	描述了一对住在加州的母女之间的关系和冲突。	选自华裔女作家谭恩美《喜福会》，探讨中西文化差异。	2 课时
	Araby	成长小说，表面上是朦胧爱恋，底色是孤独失望。	理解现代小说的风格，探讨社会异化。	1 课时
	To Build a Fire	取火求生，虽死犹荣。	关注人与自然。讨论人与自我的关系。	1 课时

续表

年级 / 水平	课程内容	文本简述	选材意图	课时 安排
高三 / 水平三 （报刊 时文 2020 年 版）	中国精神	1）China box office: "Nezha" smashes ani- mation records 2）Huawei takes on Sam- sung with its $2,600 fold- able phone 3）President Xi congrat- ulates women's volleyball team on defending world championship 4）Li Ziqi: A modern view of ancient China	选自权威中外刊物。 涵盖中国在文化、 科技、体育以及生 活等方面的现象级 报道。引发学生对 中国现实的关注， 激发民族自豪感。	4 课时
	科技发展	1）Using a smartphone at mealtimes can lead to an expanding waistline 2）Smartphones make us spend more 3）Pessimism vs. progress 4）Smart shopping cart	通过科普类的时文， 引发学生探讨：现 代生活中的智慧科 技，会促使人类生 活变得更美好吗？	4 课时
高三 / 水平三 （报刊 时文 2020 年 版）	新冠	1）How to keep yourself safe from new virus? 2）Nation seeks to help world in virus battle 3）US and Japanese lead- ers proposed postponing holding the Olympic Games in telephone talks 4）Scientists embark on hunt for vaccines and medicines	围绕新冠疫情的多 个相关话题，使学 生关注事实，并思 考疫情对我们的生 活乃至世界产生的 影响。	4 课时

续表

年级/水平	课程内容	文本简述	选材意图	课时安排
高三/水平三（报刊时文2020年版）	环境保护	1）The consequences of a rapidly warming Arctic will be felt far afield 2）A museum on the Chinese coast aims to merge with its environment 3）Grieving koala buries its head in its hands as it stands over dead body of friend 4）气候变化或导致鸟类灭绝	人与环境是不可分离的。通过阅读相关文本，体会人的生活对自然的影响，思考人如何与自然和谐相处。	4课时

四、课程组织实施

（一）课程实施策略

1.整合教材教学，安排分级阅读时间

作为国家课程的重要补充，我校分级阅读课程有机融入每个学期的课程规划中。优化整合国家教材教学，挤出 20%~40% 的课时给分级阅读课程，个别水平高的实验班级甚至分配 60% 以上的课时给原版分级阅读。以新版人教版 7 本教材为例，经过对全部 35 个单元的系统梳理，发现涉及的主题群可分为 11 类，其中符合"历史、社会与文化"的就有 5 个单元。同类主题的单元语篇尽量安排在一个时段进行教学，充分保障教材基础知识的落实。一般每个学期开学第 1~2 周、期中考

试后第 2~3 周专门用于分级阅读教学的课程安排，与国家课程分开进行；但分级阅读要纳入终结性考评范围。

2. 以英语学习活动观为指导开展课堂精读

根据教学目标的设定，我校分级阅读教学基本包含精读和泛读两类指导方案。在学生刚开始进行分级阅读时期，或者针对一些经典作品、章节需要展开讲评时，教师采用精读的课堂模式以帮助学生养成恰当的阅读习惯、掌握阅读中的关键要素。阅读教学围绕主题语境设计学习活动，将学习理解、实践应用、迁移创新活动与语篇知识、语言知识、语言技能、文化知识、学习策略等课程内容有机融合，促进学生深入理解和实践表达。

3. 以导读手册为抓手指导学生课后泛读

对于以培养阅读习惯、激发阅读兴趣为目标的课后泛读，作为过程性阅读监管的有效手段，导读手册能够促进学生按时按量完成阅读任务，同时也能帮助教师及时发现和反馈学生阅读中的思考或疑惑。导读手册本质上是阅读笔记，主要包括教师希望学生关注到的图书及作者简介、语汇积累等，以及需要学生完成的章节梗概、金句解读、问题讨论、读后续写等任务。随着学生阅读能力的提升，导读手册固定内容逐步减少，留给学生自由表达的空间增多。为加强泛读效果，导读手册的完成情况也会纳入学生的期末成绩。

4. 开展实践类活动促进学生读后输出

由于分级阅读的教学内容以长篇语篇为主，人物和故事情节丰富多元，非常适合开展以使用英语为目的的实践交流活动。深受学生喜爱的读后输出活动有封面设计、海报制作、好书推荐、阅读分享会、故事表演、主题辩论等。在活动规则和评价标准的指导下，学生在有目的的准备后积极分享和交流阅读体验，加深了对读物的理解，锻炼了综合语用能力。

（二）课程实施保障

1. 教研组定期集体备课

为了将分级阅读课程真正落实到每个学生，在教研组规划下教师通过定期研讨形成集体智慧，安排相对统一的年级执教计划。最关键的节点在期末阶段，各年级备课组须明确好新学期计划安排的读物以及导读手册的设计任务，教师利用假期完成导读手册的设计和校改工作，以确保一开学能印发给学生。在课程实施过程中，鼓励教师随时交流讨论阅读教学的经验得失，尤其关注学生的生成和反馈，利用固定集体备课时间开展专题性研讨。作为分级阅读课程的实施者，教师的思考和分享是课程顺利推进的最重要的保障。

2. 家校联系

由于我校分级阅读课程主体内容为原版整本书，学校通过加强家校沟通取得了家长的理解和配合，保障了学生用书和海报、表演类活动配置。最重要的是逐步获得了家长对英语阅读教学的高度认可，家长能认同学生在家读英语小说也是学习英语的重要途径。连续两届毕业生家长都给笔者发信息，感谢分级阅读课程带给孩子的扎实的英语功底。

3. 阶段性课程反思和调整改进

到 2021 年，我校分级阅读课程已经经过两轮调整和改进，逐渐明确了课程目标，划定了学生水平分层，完成了教学内容的精选以及教学策略的梳理，还补充了不同特色的评价方案。现阶段的课程体系也将随着教学经验的丰富继续完善，持续补充和替换更适合学生阅读的内容，根据学生反馈调改导读手册方案等。及时的整理和改进有助于课程良性发展。

4.学校和地区教育部门的高度重视

我校为英语分级阅读课程提供了较为完善的保障制度，如建立专门的外文阅览室、将阅读课改成果纳入教研组考核内容、提供专项课题和专家经费、保障学生导读手册印刷和教师用书、提供阅读考务服务等。地区教育部门每年进行课程类评奖活动，并引进专业团队打磨改进精品课程。我校分级阅读课程成长于这样良好的环境之中。

（三）课程实施的具体方案

我校英语校本课程分为三个不同层级，分别为阅读能力课程 I、阅读拓展课程 II 及学术阅读课程 III，基本对应高一到高三三个年级。阅读能力课程 I 的课程旨在鼓励学生自主选读，积累阅读量和培养良好的阅读习惯，初步掌握原版阅读的策略和能力，学会阅读；在课程内容上优先选择经典青少年文学作品，如 *Wonder, The Boy in the Striped Pajamas* 和 *Holes* 等。这类文学作品语言难度较低，故事情节性强，有吸引力，可以帮助学生克服对原版阅读的畏难情绪，培养阅读兴趣和能力习惯。针对这类文学作品，课堂上教师组织学生通过阅读分享会分享读后感，以读促说，同时引导学生掌握整本书的阅读策略。

阅读拓展课程 II 的课程目标为引导学生积极运用原版阅读策略，拓展阅读类型，课程内容主要是英文经典短篇小说和经典青少年文学作品，如 *Tuesdays with Morrie* 和 *Flipped* 等。这类文学作品语言难度有所增加，故事情节性更强，同时在阅读过程中也要求学生有更多的批判与共情的思考和理解。在这类课程中，教师对学生进行短篇小说的精读指导，组织学生以读促写，完成阅读笔记及相关的读写任务，并坚持持续默读的课堂活动。

针对青少年文学作品实施教学时，一般组织三类课型：导入课、品读课和活动课。首先，教师引导学生阅读小说，学生独立完成导读手册，获取基于作品内容的关键信息，如梳理作品的主要情节、理清主要人物关系、初探作品主题等。而后，教师引导学生深入研读作品，回读重点章节，针对作品的主题建构展开小组讨论，或组织学生自评和互评阅读笔记、思维导图等学生作品。最后，教师组织学生开展超越作品的读后活动，联系自身，表达观点，培养批判性思维和创新思维。图 2.18 展现了文学作品三类课型的目标与活动的进阶设计。

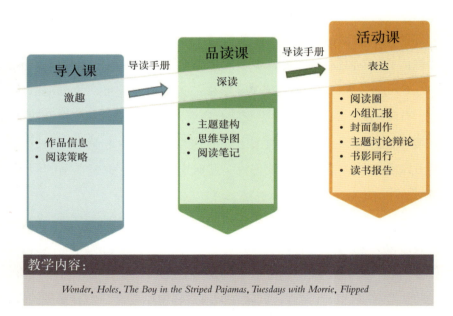

图 2.18　三类课型的目标与活动进阶设计图

学术阅读课程 III 的课程目标为增强学术类语篇阅读能力，课程内容主要以非虚构类文本为主，例如英文报刊的时文等。在这类课程中，教师针对话题分类进行精读专项指导，引导学生建立"术语词汇库"，训练学生使用可视化工具梳理语篇逻辑，提升其批判、创新的思维品质。

教师首先鼓励学生运用阅读策略，如利用标题预测内容，粗读略读，获取语篇大意及基本框架。而后，教师组织学生细读文本，以思维导图等形式，梳理语篇主线和主体支撑。学生基于思维导图，展开复述等语言内化活动，进一步理解语篇的主题意义。在此基础上，学生深入研读语篇，在教师的引导下分析语篇如何建构主题意义。学生在完成学习理解、应用实践等学习活动后，展开推理论证、批判评价、想象创造等迁移创新活动，提升英语学科核心素养。学术阅读课程内容与实施见图 2.19。

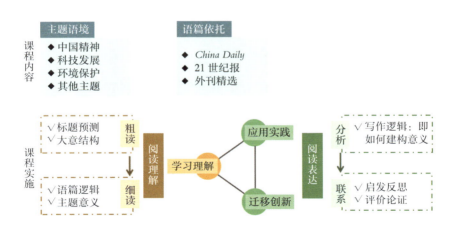

图 2.19 学术阅读课程内容与实施

五、课程评价

（一）过程性评价

1. 导读手册

教师可以利用导读手册对学生的整本书阅读情况进行过程性评价。整本书导读手册一般由三个部分构成：第一部分为背景介绍，如作者简介和主要人物清单；第二部分为分章节导读，按章节请学生回答细节性问题、积累词汇或翻译句子等；第三部分为读后反思，通过回答开放性问题引导学生完成自己和书本的联结。阅读完成后，教师根据学生导读手册的完成情况给出阶段性评价，计入学段考试总分。

2. 阅读笔记

对于没有配套导读手册的短篇小说，教师可以要求学生使用笔记本记录阅读体会以及摘抄好词好句。阅读笔记作为过程性作业记入模块成绩。图 2.20 为学生阅读笔记示例。

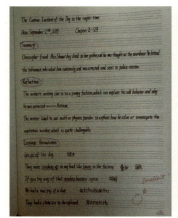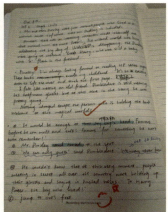

图 2.20　学生阅读笔记示例

3. 海报制作、展板推介等作品展示活动

学生通过小组合作以海报或者展板展示学习收获，表现对内容的理解。报刊时文阅读检测重点放在课堂的参与、思考和实践。学生随堂完成相应的阅读可视化任务，或讨论汇报；一般在课堂上进行互评。

4. 口头汇报

个人或小组合作在课堂上口头汇报交流。交流后针对汇报内容和效果进行师生合作评价。

5. 翻转课堂实践活动

学生通过小组分工准备在课堂进行较为规范的辩论、阅读圈汇报等综合实践活动，师生根据评价量规进行多元评价。

6. 读写活动

根据读写内容和学习目标，师生围绕表达的内容、语言、交际质量进行综合评价。

7. 其他读后表达类活动

为提高读后表达类活动的质量，教师可以为每一类阅读相关活动设计量化评价表，及时给学生评价反馈，促进教学。以下（见表 2.17和表 2.18）为常用评价量规样例。

表 2.17　口语活动评价表（适用于所有口语展示任务）

	优秀	良好	待提高
语言 30%	语言准确、流畅、连贯、得体；有意识运用新学语言	语言比较准确、连贯，有少数明显错误；有意识运用新学语言	语言表达较为磕绊，语法错误比较明显

续表

	优秀	良好	待提高
内容 60%	内容丰富、完整，组织有逻辑	内容比较完整，具备一定的逻辑	内容比较单薄，逻辑表达比较乱
仪态 10%	神情大方，姿态端正，注重与观众的互动	姿态比较僵硬，中规中矩	姿态不端正，身体晃动，缺乏与观众的互动

学生互评参考：*Strengths*: very loud & clear voice; logical explanation; plenty of new information like...; good co-operation; well-prepared for questions; audience-friendly; ....

What to be improved:

表2.18 读写活动评价表（适用于所有读写任务）

	优秀	良好	待提高
内容 60%	能结合所读内容和逻辑，连贯、完整地表达自己对所读内容的理解或完成相应的读写任务（如续写、改写等）	能结合所读内容和逻辑，完整地表达自己对所读内容的理解或完成相应的读写任务（如续写、改写等）	所写内容与所读内容关联不大，可读性不高
语言 30%	语言准确、得体，有积极使用导读手册积累语言的意识，有少量语用错误	语言比较准确，有使用导读手册积累语言的意识，有一些语用错误	语言质量较差，错误较多，影响了表达效果
交际 10%	有明确的读者意识，能按写作任务转化身份角色（如以文本中某一人物身份改写故事）	有读者意识和角色意识，但受限于语言或思维水平，交际效果一般	欠缺读者意识和角色意识，未能达到交际效果

（二）终结性评价

分级阅读测试试卷采用选择题、简答题和思考题，结合新课标对学业质量的要求有针对性地检测学生对文本的整体理解和细节把握；

考查学生总结概括、分析推断、精神感悟等多方面的素养；共 20 分，计入学生学段考试成绩。

六、结语

经过八年的实践探索和持续推进、完善，我校高中英语分级阅读校本课程逐步建构了完备的课程要素（目标、内容、实施、评价等）。该课程的持续实施能够帮助学生成为积极阅读者，助力英语学科核心素养的培养，同时促进教师成为优秀的科研型教师。在新课程新理念的背景下，人文素养和核心素养的培育仍然根植于阅读。

我校分级阅读课程化的顺利发展得益于客观环境的支持、教师集体的全力投入、家校合作的全面发展等综合因素。未来高中英语分级阅读课程化仍需加强环境方面的支持力度，至少从学校、教研组层面凝聚力量，以做科研的专业态度建设课程体系；并要始终关注分级阅读实施的目标，依据学情进行课程设置，真正体现分级阅读的实质。此外，由于相关研究较少，分级阅读课程实施中的评价机制仍需进一步完善。

第三章
英语分级阅读课程化精读教学

第一节 概述

一、核心概念及教育价值

精读教学与泛读教学是阅读教学的两种基本范式。就传统的定义而言，精读教学指的是通过阅读篇幅较短的语篇，并借助相关阅读理解练习，进行阅读策略、词汇及语音意识等方面的教学。就分级阅读课程中的精读教学而言，其教学载体是以绘本或章节书形态呈现的整本书，篇幅相对较长。整本书精读教学的重点目标在于文本意义建构、阅读策略培养以及语言知识学习和运用（张金秀、徐国辉，2018）。意义建构包括四个层面的阅读能力，即提取文本明确信息，形成推论，解释文本，评价和反思文本。这四项能力的综合训练有利于提升学生的解码力、理解力和表达力。整本书相对完整的文本架构和丰富情境更有利于拓展学生的文本格局和情境模型。整本书阅读策略既有传统篇章阅读策略，如预测、提问等，还有书册阅读所独有的阅读策略，如识别文本体裁（如童话故事、现实小说、人物传记等）、利用文本结构特征寻读（如利用目录页寻读感兴趣的章节）、持续专注阅读、批注式阅读、回读、跨界阅读等。语言知识的学习和运用是指通过显性教学指导学生关注整本书中丰富、地道的语言，并有意识地运用这些语言表达意义，丰富语言积累。

总而言之，整本书精读是培养具有爱读、会读、能读并坚持读等特征的积极阅读者的关键。

二、精读课程的关键问题

（一）选材

　　教师在选择整本书精读教学的素材时，需要考虑教育价值、文本语言难度、学生认知水平以及文本类型四大要素（张金秀，2019）。首先，所选书目需要承载积极的价值导向，利于学生树立正确健康的人生观与价值观，利于学生的身心发展。其次，无论是在哪个学段、选用何种阅读素材，在英语分级阅读精读教学中，教师应选用学生能够识别95%的词汇且文本理解度可达75%的书籍或语篇（张金秀，2019）。此外，所选书目的内容应贴近学生的实际认知水平，因此建议选择适合青少年的体裁，如果与教材话题匹配的话，则效果更佳。最后就文本类型而言，需要考虑兼顾虚构类与非虚构类书籍的多样化文本类型。虚构类书籍是指故事、戏剧、诗歌、神话等非真实的文学创作，而非虚构类书籍是指自然科普、社会纪实、人物传记等反映真实世界的信息类文本（蔡琼、张金秀，2020）。在小学段，建议选择适合小学生认知特点与语言基础的英语绘本，其图片占据重要篇幅与地位，适用于初级英语阅读者。在初中段，建议选择适合中学生认知特点与语言基础的（早期）章节书，其以文字为主、图片为辅，适用于中级英语阅读者。在高中段，建议选择文字占绝对主体的章节书或经典的英文原版短篇小说，因为英文原版短篇小说语言地道，篇幅短小，语言难度适中，适合1~2课时的精读教学（张千，2013）。此外短篇小说语言生动，修辞手法丰富，具有悬念且蕴含着深刻的主题，适合具有抽象思维的高中生学习理解与鉴赏（张雪薇，2017），利于语言学习与写作迁移。

（二）设计原则

精读教学需要坚持以下原则：1）整进整出；2）开展基于进阶目标的连续课时教学；3）设计体现教学目标的多样态读说结合与读写结合的活动；4）借助符合文体特征的可视化工具。

具体而言，整进整出指的是：1）整体输入：以整本书的主题为纲统整教学内容，设计教学活动（张金秀、徐国辉，2020）；2）整体互动：聚焦主题意义开展促进师生对话、生生对话以及学生与文本对话的意义协商活动；3）整体输出：在输入与互动基础上，以表达意义为目的，产出完整语篇（韩宝成、梁海英，2019）。

鉴于整本书篇幅较长，因此整本书的精读教学往往需要根据书籍内容与篇幅长短，设计2~5个连续课时进而实现从学习理解、应用实践到迁移创新的进阶式教学目标（张金秀，2019）。为了实现以上目标，教师可本着整进整出的总体原则，设计包含激趣导读、讨论交流、应用创新三个阶段的连续课时教学。在激趣导读阶段，通过设计基于主题意义探究的大问题，教师可引导学生对阅读内容、阅读主题、阅读方法及重点语言的学习与理解（蔡琼、张金秀，2020）。在讨论交流阶段，教师可基于学生提出的问题开展涉及高水平思维品质的画廊漫步、角色转换等形式的小组合作活动。在应用创新阶段，学生结合自身生活经验，并借鉴前面所学进行整体性的创新表达。

在精读教学过程中，需要坚持学用结合的理念，设计基于主题意义探究的多样态读说结合与读写结合的活动，以提升学生的整体语言水平。例如：通过基于封面及题目的预测、图片环游、文本结构图构建、情境化复述、读者剧场、人物分析、概要写作、多元主体的角色对话、评论撰写、仿写、续写、情景访谈、创意表演、剧本改编等多模态方式将文本主题信息迁移到新的情境。

此外，所有读说与读写活动的开展都需要依托符合文本体裁特征的可视化阅读工具。就虚构类文本而言，精读教学离不开故事情节与人物分析，教师可以引导学生借助多样态的故事地图（Story Map）及情节发展图梳理虚构类文本大意及情节发展（徐国辉，2021），比如利用人物视角对比图（Character Perspective Charts / Maps）；借助STEAL模型分析故事人物，即从人物的所说（Speech）、所想（Thoughts）、对他人的影响（Effect on Other Characters）、所做（Actions）和外表（Looks）五个方面综合考虑人物的主要性格特点（蔡琼、张金秀，2020）；或利用SWBST（Somebody Wanted to... But... So... Then...）模型进行概述。就非虚构类文本而言，精读教学离不开对文本特征及语篇结构的分析，可以利用KWL表格预测文本内容；或运用THIEVES框架从标题（Title）、小标题（Headings）、前言（Introduction）、段首句（Every First Sentence in a Paragraph）、图片及图表（Visuals）、章后问题（End-of-chapter Questions）、结语（Summary）方面推测并验证整本书内容；或利用非虚构类文本特征图表（Nonfiction Text Features Chart）引导学生关注相关文本特征；或引导学生借助各种图形组织器或信息结构图理解并提取文本的比较对照、因果关系、问题解决、分类描述、流程程序、观点辨析等宏观逻辑结构。对于英语语言基础比较薄弱的小学生或普通校的中学生则有必要提供更为具体的语言支架。

（三）实施要点

在精读教学的实施过程中，教师需要特别注意以下要点。

首先，同教材的精读教学一样，在开展分级阅读精读教学之前，教师需要对所选书籍或文本进行多元深度解读，包括话题内容、主题意义、体裁结构、语言特征、写作背景等方面。此外，学情分析也是非常必要的，学情分析不仅需要涉及学生的认知与思维特征，还需要了解学生对文本话题的兴趣度与熟悉度、学生已有的生活经验与语言基础等。教师可以利用工具开展相关调研。

其次，精读教学的开展要基于优秀阅读者的特征及读者视角。基于优秀阅读者的阅读习惯，徐国辉（2021）提炼出了适用于不同体裁特征的 KWHLAQ 精读教学模式，即 1）What I Know：激活学生对文本主题的已知；2）What I Want to Know：激发学生好奇心，引导学生对文本主题提问；3）How I Will Find Out：与文本深度对话，提取构建结构化主题信息并与同伴分享优化；4）What I Learned：通过概述与复述内化所学；5）How I Will Apply the Knowledge：与生活建立关联，将所学迁移到实际生活情境中；6）Questions I Still Have：引导学生提出想继续探究或仍未解决的问题。以上模式涵盖了优秀阅读者经常使用的关键阅读策略，并符合读者的整本书阅读习惯。该模式的环节不必面面俱到，可以根据学情适当调整。

再次，精读教学需要根据实际学情设计并提供适切的学习支架，特别是语言学习与互动支架。因为随着年段的增长，学生所阅读文本的长度与难度及内容深度都会相应增加，可能会导致学生的阅读动机反而相对下降。教师需要在虚构类或非虚构类书籍的精读课中加强重点主题词汇的预教、关键阅读策略的显性培养以及以写促读（写概要、写个人观点、写与生活的关联、写想提出的问题等）和以说促读（小组观点讨论等）的活动设计（Ohlson，Monroe-Ossi & Parris，2015）。非虚构类阅读教学中，还需特别注意激活并适当补充目标主题的相关背景知识（Jacobs & Ippolito，2015）。此外，互动与对话是学习的本质

（钟启泉，2019）。在精读教学中，教师需要开展阅读圈、画廊漫步、学习站、读者剧场、同伴评价等活动，为学生提供合作学习和自主选择与表达的机会，以提升学生的阅读动机。

为了充分呈现以上精读策略的具体实施，本章将在以下四节中结合具体课例阐述如何进行虚构类整本书精读、非虚构类整本书精读、短篇小说精读以及时文精读教学。其中整本书精读教学将分别呈现小学和中学的案例。

第二节　虚构类整本书精读教学策略

小故事大启迪——小学英语虚构类绘本教学案例

北京市海淀区教师进修学校　李静

一、绘本内容介绍与分析

Eek，Spider! 是外语教学与研究出版社《丽声北极星分级绘本（第二级下）》的一册绘本。全书图文并茂，共 16 页，171 词，适合我国公立小学一年级开始学习英语的三年级学生阅读。

故事讲述的是小女孩 Darcy 与一只蜘蛛的故事。Darcy 在家里看到一只蜘蛛，她非常害怕和讨厌蜘蛛，于是让哥哥 Josh 把蜘蛛放到室外。但是因为天气又湿又冷，Josh 只得把蜘蛛带回室内，并帮助 Darcy 了解蜘蛛。通过观察，Darcy 慢慢接纳了蜘蛛，还主动提议将蜘蛛放在洗衣篮里保暖。当看到妈妈把衣服洗了、蜘蛛不见了时，Darcy 以为蜘蛛受到了伤害而非常焦急和难过。雨过天晴后，Darcy 高兴地发现蜘蛛已经在窗外结网了。

故事通过讲述小女孩 Darcy 对蜘蛛态度转变的过程（害怕、排斥，了解、接纳，关心、爱护）引导学生不要轻易否定自己讨厌的动物并伤害它们，而要多观察、多了解、多爱护动物，与动物和谐相处。Darcy 害怕蜘蛛但又不得不面对蜘蛛，Josh 因外面下雨不得不把蜘蛛带回屋内，兄妹俩为了帮助蜘蛛把它放进洗衣篮却被妈妈弄丢……这些矛盾冲突推动了故事情节的发展，在帮助学生了解动物生活习性、尊重自然规律的同时，也传达了遇到问题不要害怕和排斥，可以通过求助、观察和学习帮助解决问题的主题意义。

从故事结构看，故事以 Darcy 对蜘蛛的情感变化（scared - cross - attentive - worried - upset - happy）为主线，以问题解决为辅线展开叙事过程。从语言功能看，全书使用一般现在时叙述，句式多为某人做某事（Somebody does something.），并含有人物对话。故事语言简单、精炼，符合三年级学生英语阅读能力和水平。从词汇角度看，对故事理解起关键作用的词汇包括 rainy, wet, cold, windy, sunny 等表示天气的词汇；take... inside / outside, hold, show, put 等表示动作的词汇；eek, cross, smile, upset, sad 等表现人物情绪的词汇等。这些词汇较好地表现了天气变化、事件的发展和主人公的情感变化，是复述故事的基础语言知识。

二、教学策略

（一）有效阅读，从会读绘本封面开始

有句话叫"眼睛是心灵的窗户"。对于绘本来说，封面就是读者

透视绘本内容、激发阅读兴趣的窗户。作者会通过题目、封面和扉页的图画，以及出版信息向读者传递重要信息。其中，题目和图画直接指向绘本内容。"会"读封面和扉页就是指能将从题目和图画中获取的信息进行关联，并由此引发对绘本内容的预测和想象，进而激发阅读兴趣，提高阅读的主动性。图 3.1 和图 3.2 是该绘本的封面和扉页。

图 3.1　绘本封面

图 3.2　绘本扉页

虚构类绘本封面的图画通常会呈现主人公和主要故事情节，或者是推动故事情节发展的重要线索。所以，通过读封面读者就能猜测出这本书大致讲了什么故事。*Eek, Spider!* 一书的封面中央有一个小女孩，预示着她就是这本书的主人公。蜘蛛虽小，但同样也在构图的中心位置，且高高地站在奖杯之上。从小女孩微笑着和蜘蛛对视读者就可以推测出，这是发生在一个小女孩与蜘蛛之间的故事。但是如果不看题目，读者会猜测小女孩一定非常喜欢蜘蛛，也许蜘蛛是她的宠物，她甚至因为蜘蛛而获了奖。但是读了题目之后，相信读者都会产生疑问。"Eek, Spider！"通常是人们在受惊吓时的语气，这就与小女孩微笑着看着蜘蛛的画面形成了反差。带着疑惑翻开封面，读者可以看到扉页。扉页上的标题和洗衣篮引人注目。为什么作者特意将洗衣篮放在扉页呢？

蜘蛛和洗衣篮有什么关系？蜘蛛会在洗衣篮里吗？小女孩到底喜不喜欢蜘蛛呢？……由此引出的一系列问题将吸引读者快快地阅读故事，找寻答案。当教师把上述阅读和思考过程转化为教学活动，即可形成以下设计。

教师以猜谜的方式引出 spider，请学生谈一谈对蜘蛛的感受和了解。教师继而出示绘本封面，引导学生观察封面，回答问题 What do you see on the cover?，并在引导学生推测 Who says "Eek, Spider!"? 和 Does the girl like the spider? 之后，出示绘本扉页，引出 laundry basket。请学生猜测 Why does the illustrator draw a laundry basket here?。

教师提问 What do you want to know about the story? 引导学生基于封面和扉页信息对故事进行预测性的提问。学生自主提问，教师将学生的问题按答案的复杂度及开放度整理在板书上，如：

1. What's the girl's name?

2. How did the little girl get the cup?

3. Why is the spider on the cup?

4. Is the spider in the basket?

5. The girl, the spider, the cup, the basket, what happens between them?

6. Dose the girl like the spider? Or does the spider like the girl?

教师以故事的核心角色蜘蛛入手，激活学生对蜘蛛的情感与认知，为阅读做好情感和知识背景的铺垫。教师通过观察封面、扉页和预测提问等策略激发学生阅读探究的欲望，为学生主动阅读奠定了基础。好的阅读者在读书时会提问，鼓励学生在读前提问不仅有助于发展学生的思考力，也能帮助学生变被动阅读为主动阅读。学生带着自己的问题去阅读、寻找答案，有些问题可以在文本中找到答案，但有些找不到答案的问题，其答案将会来自学生自己。

（二）借助故事地图识别并提取故事大意

了解故事的情节发展是学生阅读虚构类作品时应具备的最基本的能力。学生需要理解书中发生了什么（What）、谁参与了情节的发展（Who）、情节是怎样发展的（How）、人物的情感是怎样的（Feelings）等。为了更清晰地把握故事主线，确定故事重要事件，教师可以使用以下故事地图（见图3.3）。

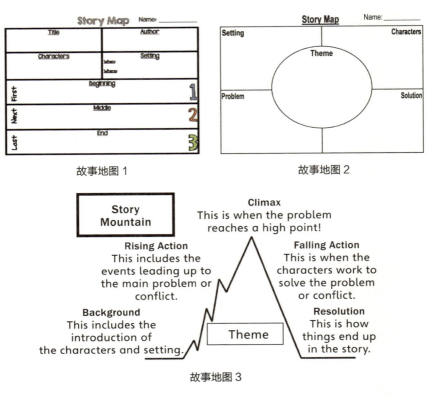

图 3.3　常见的故事地图

以上是三种常见的故事地图。其中，故事地图 3 也叫故事山（Story Mountain）或情节山（Plot Mountain），既包含了图 1 的故事要素（Setting, Characters, Beginning, Middle, End），也兼顾了图 2 中的故事冲突、解决办法及主题意义等。相较图 1 和图 2，图 3 对故事情节的梳理更为清晰，强调了情节间的顺序、关联、因果和冲突矛盾等。备课教师参照图 3 并辅之以主人公 Darcy 的情感变化，建构了 *Eek, Spider!* 的故事地图（见图 3.4）。

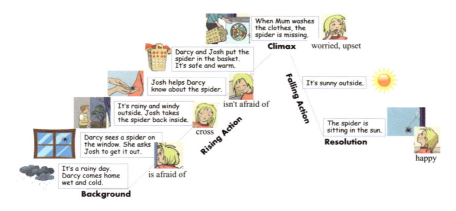

图 3.4　*Eek, Spider!* 故事地图

故事地图能够有效帮助师生从整体的角度审视绘本故事：首先，帮助教师把握故事主线，理清教学思路，避免信息过多、过碎而扰乱教学思路；其次，帮助学生在读后整体梳理故事情节，理解故事大意，并为复述故事提供支架与范例。

学生使用故事地图梳理故事情节、概括故事大意的能力是需要长期且逐步培养的。三年级学生使用英语概括故事大意的能力还很有限，且在区分主、次要情节和故事矛盾冲突方面也还处于起步阶段。因此，在培养初期需由教师将故事地图制作成学具提供给学生（见图 3.5）。

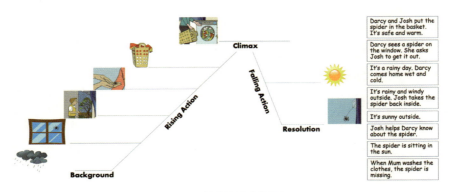

图 3.5　故事地图（学具）

　　学生在阅读绘本之后，根据对故事的理解将事件描述按顺序匹配到故事地图上，并参照故事地图复述故事，夯实语言基础，培养连续表达的能力。学生可以采用两人合作的形式以降低活动的难度。后续，随着学生对故事地图越来越熟悉，教师可逐步将部分情节空出，请学生尝试填写。到了五、六年级，学生具备了一定的用英语进行概括总结的能力后教师就可以让学生自行制作故事地图。一方面，教师可以从中了解学生读后理解的情况；另一方面，学生可以培养基础的读写结合能力。

　　故事情节除了有顺序性（Sequence）外，还会涉及问题解决（Problem and Solution）和因果关系（Cause and Effect）分析。*Eek, Spider!* 的主要问题是 The spider needs to be safe and warm on the rainy and windy day.，在问题解决的过程中发生了一系列的事件。故事中的问题解决及因果关系分析见图 3.6。从图中可以看出，故事中的每个事件都是一个小问题，每个问题的解决办法与问题又互为因。对故事情节的细致分析不仅有助于学生深入理解故事，培养逻辑思维，也为学生以后学习人物分析打下了基础。此外，借助问题解决及因果关系分析图再次进行故事复述有助于提升学生表达的逻辑性。需要说明的是：故事地图侧重的是通过对故事情节的梳理帮助学生整体理解故事大意；问题解决和因果关系分析图强调对情节中的细节进行深入分析。前者是后者的基础，后者是对前者的深入，从整体到局部，从表层到内隐。

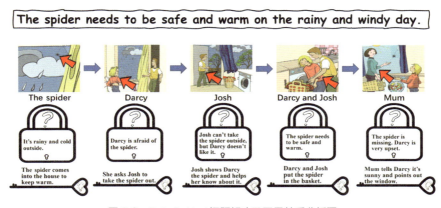

图 3.6　*Eek, Spider!* 问题解决及因果关系分析图

与前面梳理故事情节一样，教师要根据学生的认知和语言能力水平为学生提供必要的支架。三年级的学生仍需使用学具，能将因果内容正确匹配，帮助理解即可。四、五年级的学生可由教师给出因或果，学生尝试找出或写出相应的果和因。到了六年级，学具可以交由学生自行设计和制作。同伴合作是有效降低难度的办法。

（三）通过角色扮演体验人物情感变化

在虚构类作品中，人物的发展通常与情节的发展交织在一起，人物就是参与事件的"演员"（珍妮佛·塞拉瓦洛，2018）。在阅读虚构类作品的时候，读者的心情会随着书中人物的情感变化而变化。书中的人物可以帮助读者更好地理解在生活中遇到的人，甚至是自己。

角色扮演是帮助读者进入角色、深入理解角色的有效策略之一。做故事人物做的动作和表情，用他们的语气说他们的话，感受他们的情感……读者通过角色扮演不仅可以体验人物的经历，加深对故事的理解，也能激发想象力，将自己的创造通过角色扮演表现出来。

角色扮演可以根据学生的能力水平采用多种方式。起始阶段，请学生在理解故事大意和人物情感的基础上进行分角色朗读，要求读出人物的语气和情感，并逐步配上表情和动作。培养中期，可以引导学生在原故事的基础上创编、增加对话，并强调表情、语气和动作的变化。培养后期，可以请学生脱稿表演，并辅之场景和道具。

在 *Eek, Spider!* 案例中，考虑到三年级学生的语言能力水平，在学生理解故事情节发展和人物情感变化之后，教师组织学生进行分角色朗读式的表演。学生3人一组任选某一个场景，要求做出人物的表情、动作并读出人物的语气和情感，为了增加戏剧感，教师可以鼓励学生表演得夸张些。在某组学生表演后，其他观看的学生评价演员的朗读和表演是否符合书里的描写，并讨论如果重演该如何表演。学生间的互评非常重要。对于表演的学生而言，倾听他人的评价和建议有助于获得更加多元的想法和视角；对于给出评价的学生而言，评价他人能促使自己更认真地观看和积极地思考。受英语语言能力的影响，此部分允许学生用中文交流。毕竟，评价的目的在于更好地改进和更深入地思考。

教师还可以引导学生关注绘本最后一幅图中 Darcy 和 Josh 的互动（见图3.7），想一想他们之间会说些什么，带领学生创编对话并进行表演，将对故事和人物的理解展现出来。这个活动涉及了推测、想象、创造等，学生在语境中综合运用语言技能进行多元思维，创造性地用语言表达自己的观点。

图 3.7　绘本页

（四）通过关联探究和延展主题意义

建立关联（Making Connections）是重要的阅读策略之一。当一个阅读者开始将一个故事与自己的生活联系起来，这个故事就轻轻松松地变得更富意义（阿德丽安·吉尔，2017）。通常说，学生可以建立的联系有文本与自己（Text to Self），文本与文本（Text to Text），文本与世界（Text to World）。绘本阅读教学不仅仅要培养学生的英语读写能力，也要注重帮助学生从中学会解决现实生活中的问题，这三种关联是最有意义和最有效的。

在读完 *Eek, Spider!* 一书之后，学生首先可以通过师生讨论将故事与自身生活关联起来。教师提问 Are you afraid of spiders? What small animals are you afraid of? What does Darcy do when she sees a spider? How about you? What will you do when you see something you don't like? 等引导学生进行全班性的讨论。学生自由发表观点，教师对学生的观

点进行提炼并予以必要的引导，板书在黑板上（见图 3.8），形成建议小提示。最后，教师总结并点明主题，即：When we encounter something we're afraid of in our life, please calm down. Think of a good plan to solve the problem.

图 3.8　建议小提示板书设计

Eek, Spider! 虽然是一个虚构类的故事，但是故事冲突的核心是有些蜘蛛不喜湿冷的生活习性。这个故事让学生对蜘蛛有了新的了解，引发了他们对蜘蛛的兴趣，为读后延学提供了方向。虚构类绘本的延学设计不仅仅局限于改编、续编、创编故事，或是阅读同题材体裁的故事，也可以是学习相关话题跨学科的科普知识。教师可以为学生提供有关蜘蛛习性的科普小绘本，也可以鼓励学生自己查阅资料更深入地了解蜘蛛，这就实现了文本与世界的关联。

结合学生的兴趣与能力水平，备课教师在参考相关绘本资料的基础上制作了 All About Spiders 课后延学单（见图 3.9）。这既是一个读写结合的练习，也帮助学生丰富了有关蜘蛛的科普知识。教师将课堂上总结的看到蜘蛛如何应对的做法提示在延学单上予以复现和强调，强化了本次学习的主题意义。要特别说明的是，教师在课上和课后延

学单中均指出了部分蜘蛛具有危害性,在引导学生善待小动物的同时,
也注重培养学生的安全意识。

图 3.9　All About Spiders 课后延学单 （剪裁折叠后可成小书）

（五）通过连续课时设计落实对学生阅读素养的培养

　　虚构类英语绘本的优点是语境真实且有趣,内容丰富且连贯,语言地道且表达方式多样。阅读整本书体现了自然的阅读状态,有利于学生发展语言,获取知识,锻炼思维,丰富情感体验,培养审美能力,也有利于养成良好的阅读习惯（韩宝成,2018）。要想借助整本书阅读发展学生的阅读素养,仅靠单一课时是无法达成的。以往的小学英语绘本教学多是单课时教学设计,无论年级、书的薄厚、学生的能力水平如何,从激趣导入、阅读绘本、建构理解,再到输出表达,都是在一课时内完成教学。时间少,内容多,势必会造成顾此失彼、难以深入、学生参与不充分等问题。对此,教师需要突破固有思维,根据图书的特点和培养目标,打破在一节课上呈现完整的读前、读中、读

后环节的模式化流程，合理安排课时，设计体现能力进阶培养的整本书阅读连续课时学习活动，提升小学英语绘本阅读教学的实效性（李静，2020）。

结合学生实际、学段目标和图书特点，备课教师对 *Eek, Spider!* 一书设计了 2 个课时（每课时 40 分钟）的学习周期（包含课下延学任务）（见表 3.1），有目的、有针对性、有步骤地设计和组织整本书课内精读、课外延展的学习活动，为学生提供充分的阅读输入、体验、内化、输出的时间与空间，使学生能充分参与阅读理解与表达的过程，积累整本书阅读经验，在夯实英语语言和能力基础的同时发展阅读素养。

表 3.1 *Eek, Spider!* 连续课时目标设计

课时	学习目标
第一课时 （读懂故事，理解大意）	1. 能读懂配图小故事，借助故事地图梳理故事脉络，理解故事大意。 2. 能在教师的帮助下分析主人公 Darcy 对蜘蛛从害怕、讨厌，到接纳、观察，再到关心、爱护的情感变化过程。 3. 能与同伴合作，准确、流畅、有感情地朗读故事。
课后延学任务	完成读书报告单（见图 3.10），复习、巩固、检测课堂所学，同时发展基础的读写能力。
第二课时 （深入故事，联系实际）	1. 能参照故事地图与同伴合作复述小故事。 2. 能在教师的帮助下分析故事中的问题解决和因果关系，并通过创编和表演体验问题解决的思维过程。 3. 能迁移绘本所学，结合生活实际思考遇到同样的问题该如何解决。对于自己不喜欢的动物不因个人好恶而伤害它们，要在注意安全的基础上爱护动物，尊重生命，与自然和谐相处。
课后延学任务	查阅有关蜘蛛的资料，完成 All About Spiders 课后延学单，从多方面深入了解蜘蛛。

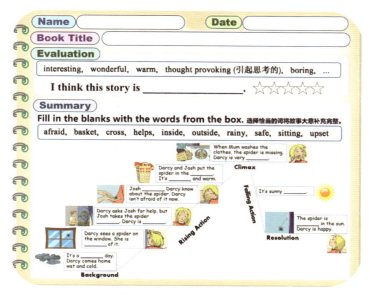

图 3.10　第一课时读书报告单

三、教学效果与反思

（一）三级备课推动绘本阅读教学向学科育人转变

　　《普通高中英语课程标准（2017 年版 2020 年修订）》（中华人民共和国教育部，2020）指出："语篇是英语教学的基础资源，赋予语言学习以主题、情境和内容，并以其特有的内在逻辑结构、文体特征和语言形式，组织和呈现信息，服务于主题意义的表达。"英语绘本是当前义务教育阶段重要且富有特色的语篇资源，对转变教师英语教育教学观，发展学生学科核心素养有着积极的作用和影响。为了能够落实学科育人的目标，在综合考虑虚构类图书的特点和育人价值的基础上，备课教师设计了三级备课过程。

　　一级备课，关注绘本的话题、内容和语言知识。*Eek, Spider!* 一书通过讲述主人公 Darcy 从发现蜘蛛、厌恶蜘蛛，到在哥哥的帮助下了解、接纳蜘蛛，再到主动关爱蜘蛛，帮助学生了解了蜘蛛的生活习性。书中有关天气、情感、动作等的词汇有助于学生理解并复述小故事。

二级备课，关注故事结构，探究主题意义。绘本是图文的合奏，里面总是蕴含着大量的显性和隐性信息。随着备课的深入，被解读出来的信息越来越多。有些教师认为只要是能解读出来的信息就都要让学生掌握或了解。不能取舍会让教师深陷信息的沼泽，导致教学思路越来越混乱。为了避免面面俱到导致的教学问题，教师需要在把握绘本主题意义的基础上关联主要信息，删除次要信息，抓住故事的主线结构以厘清思路，明确方向。此外，多数的故事都是围绕一个或几个矛盾展开的，只不过有的矛盾比较浅显，有的则埋得较深。教师需要引导学生通过对故事主要矛盾及其因果关系的分析实现思维由低阶向高阶的稳步发展。

三级备课，关联生活实际与平行学科，将一本书"读厚"。基于图书内容和内涵，教师要思考阅读某一绘本"会对"和"可对"学生产生怎样的实际影响。"会对"是指学生能从绘本中直接学到的知识、方法和中心思想等。如，学生通过阅读 *Eek, Spider!* 一书可以复习和学习有关天气、情感、动作等的词汇；了解某些蜘蛛喜晴不喜阴的生活习性；懂得要多了解并善待小动物的道理等。"可对"是指通过绘本学习可以帮助学生丰富什么样的文化知识、发展什么样的思维品质、树立什么样的情感态度价值观等，教学不再局限于书本之内。如，故事中的人物遇到问题时是怎样解决问题的？围绕着问题解决，学生通过梳理、概括、整合信息，建立信息间的关联，最终迁移到自身，在遇到类似情况时能解决实际问题。此外，本书虽然讲述的是一个虚构的小故事，但是其中蕴含了有关蜘蛛的生活习性和如何对待蜘蛛的科普知识。如何帮助学生在生活中正确对待蜘蛛，在强调人与动物和谐相处的同时培养学生的安全意识？备课教师广泛地阅读了有关蜘蛛的科普绘本和资料，了解到有些蜘蛛非常危险，在不了解的情况下不要贸然靠近和接触。和小动物和谐相处的正确做法就是远离且不伤害。跨学科的学习拓展了语言学科教学的广度和深度。

　　一级备课教师看到的是语言和内容，二级备课教师看到的是结构和意义，三级备课教师看到的是育人价值。三级备课促使教师不断思考：通过阅读绘本，学生能理解些什么、能感受些什么、能表达些什么、能发展些什么。

（二）小循环、多轮次的语言实践活动为学生铺垫扎实的学习基础

　　本案例的授课对象是三年级学生，他们的英语语言能力还较弱，抽象思维能力和阅读习惯等都有待培养和发展。但是这个年级段的学生活泼好动，善用形象思维，容易对新鲜事物感兴趣。基于此，教师设计了大量符合学生年龄特点和认知水平的语言实践活动，帮助学生在做中学，做中用，做中创新。

　　首先，强调在行为上动起来。在 *Eek, Spider!* 的教学中，教师采用了大量的动口（跟读、讨论、交流、复述等）、动手（拼贴、制作等）、舞动（唱歌、表演、做动作等）、走动（组间走动、全班走动）等活动让学生在行为上、思维上动起来。身体和思维上的行动是学生有效参与学习的保障。

　　其二，注意夯实语言基础。每个活动都为学生提供了语言支架，并注意活动间的小步进阶，帮助学生有的说且能说。以故事复述为例，故事复述被安排在第二课时的开始，作为对故事的复习和新课的导入。

为什么没有安排在第一课时呢？这是因为，复述需要使用到很多动词和表示人物心情的形容词。这些词很多都是生词，在学生没有熟悉这些词的情况下就要求复述的话，多数学生是有困难的。教师在第一课时通过听读、讲授、阅读、完成故事地图、分角色朗读表演等系列活动帮助学生充分输入和内化语言，并在课后读书报告任务中再次强调对重点词句的复习和巩固。有了良好的语言基础，学生才能更好地理解意义并尝试连续的复述，进而清楚地表达思想和感情。所以，在借助绘本培养学生英语阅读素养的同时也不应忽略基础语言的学习与积累。

其三，善于利用可视化工具为学生提供帮助理解和表达的支架。采用同伴合作或小组合作的方式引导学生完成对信息的获取与梳理、概括与整合、内化与运用，帮助学生将零散的信息和新旧知识建立关联。

其四，语言实践活动要有思维含量和情感态度。没有思维和情感的语言是空洞的。无论是讨论主人公 Darcy 的情感变化还是分析故事中的问题解决、因果关系，抑或是结合自身实际讨论遇到同样的问题应该如何解决等，语言和思维、情感等都密切联系，切实体现了英语学习活动观的理念。

（三）整进整出理念下的连续课时教学有助于基础与素养的协调发展

Eek, Spider! 一书的教学实践证明，基于整进整出理念的整本书连续课时教学设计能有效解决单一课时绘本教学所产生的难以取舍、难以深入、难以落实基础、学生参与不充分等系列问题。本书共设计了两课时的学习活动：第一课时重在对虚构类绘本阅读习惯与方法的培养，让学生有充分的输入与内化，为后续学习奠定良好的基础；第二

课时重在对绘本主题意义的理解与探究，通过深入讨论和关联延展发展学生的语言能力、思维品质，并渗透价值观。教师将培养目标、重难点和活动有针对性地分散在两个课时，相较于单课时的学习，学生在输入理解、内化迁移、思辨感悟、表达输出等方面都发展得更加充分。

扫码获取
教学设计1

当然整本书阅读并不一定非要按两个课时组织教学。教师可根据绘本的特点，针对学生的实际情况灵活安排课时。连续课时的整本书教学设计使得教师从以往的单课时绘本教学思路中跳出来，站在"单元整体设计"的高度设计阅读课程，促进了教师的专业发展。

导、视、探、品——中学英语虚构类章节书教学案例

北京景山学校 蔡琼 郑瑾

一、章节书内容介绍与分析

与小学生以绘本为主要的整本书阅读材料不同，中学生的整本书阅读更多涉及的是篇幅较长的章节书。笔者将以外语教学与研究出版社出版的《丽声指南针英语名著分级读物（初中版第三级）》中的 *A Christmas Carol* 为例，探讨中学英语虚构类章节书的教学策略。

本书改写自英国作家狄更斯于1843年创作的同名小说，比较适合我国公立初中三年级学生阅读。该书共有五章，讲述了富有却自私冷漠的主人公 Scrooge 在平安夜被三位幽灵（the Spirit of Christmas Past, the Spirit of Christmas Present, the Spirit of Christmas Yet to Come）带领穿梭于他人生的过去、现在和未来三个不同的阶段，在回顾过去、反

观现在和遥望未来的过程中，Scrooge 心中的冷漠和吝啬逐渐褪去，仁慈和善良的一面被慢慢唤醒，对金钱和人生的看法发生了彻底的改变，从而变成了一个热爱生活、乐善好施的人的故事。小说以 Scrooge 的性格转变历程启示读者：不是金钱，而是宽厚热情、助人为乐的美好心性才能使人们体会到人生的真正乐趣。

该书为改写后的故事，在语言上既保留了经典文学名著的地道性，也更贴近我国公立学校初三学生的理解能力。为了展现主人公 Scrooge 在圣诞幽灵到来前后的转变，书中每章都有对人物性格特点、内心情感变化的细致描写，如第一章对 Scrooge 性格特色的交代：Scrooge was a harsh, thin man with a cold heart, and cared only for making money and keeping it. 第二章中，Scrooge 得知有三个幽灵要来拜访他时，他内心的恐慌和拒绝："I'd rather they didn't," pleaded Scrooge. 看到自己小时候的学校时，他潸然泪下：Memories of it caused a tear to trickle slowly down his face. 等等。这些生动的语言不仅形象地刻画了人物，有助于学生理解书籍的主题内涵，而且对学生习得地道、丰富的语言素材并迁移至自己后续的语言表达活动里，将有很大的帮助。

二、教学策略

章节书教学无法靠一两个课时处理，需要教师通过多个课时引导学生进行阅读理解、意义建构以及输出表达。笔者所在的研究团队基于实践研究发现，整本书阅读最好设计导读课、讨论课以及生成课三种课型。结合本书的具体内容和所教学生的学情（示范校初三年级普通班学生，有两年英语整本书阅读精读课程基础），教师采用了翻转课堂的形式，设计了三节连续课时的教学过程（导读课〔学生课后独

立阅读剩余部分]—讨论课—生成课)。整本书的教学目标为：

- 能借助故事地图提取并概括本书主要内容。
- 能综合文本信息对比主人公 Scrooge 性格的前后转变。
- 以主人公 Scrooge 的视角，简要描写平安夜梦中的经历和对圣诞精神的领悟。

为实现以上教学目标，笔者主要采用了以下几种教学策略。

（一）巧设导读，激发学生的阅读兴趣

有研究表明，浓厚的阅读兴趣和明确的阅读目的会增进学生的阅读投入，进而促进其阅读理解（Anderson，2014）。因此，教师需要充分发挥导读课的作用，巧设导读问题链，从而激发学生的阅读兴趣，指导学生开展高质量的阅读。由于虚构类书籍的内容贴近读者的生活，通常具有起伏的情节，教师若从书籍内容的导读着手将更容易拉近学生与文本之间的距离。在本书的导读课中，笔者首先充分借助封面上的标题和图片引导学生预测内容，为本书蕴含的情节悬念埋下伏笔。笔者设计了如下问题激发学生的阅读兴趣。

1）What may the book probably be about according to the title "A Christmas Carol"?

2）What should Christmas be like in your mind?

3）How do you feel about the illustration in the cover? Why do you feel so?

在学生充分预测后，教师引导学生阅读本书第一章。此时学生已有明确的阅读目的，即通过阅读去发现为什么一本讲"圣诞颂歌"的书，封面插图所表达的气氛与人们了解的这个西方传统节日温馨快乐的氛围如此格格不入，发生了什么。学生带着问题读完第一章后发现封面

上戴眼镜的人是主人公 Scrooge，他的性格如插图所示般冷漠可怕。平安夜他回到家中时发现了一系列不寻常的征兆，这些征兆到底预示着接下来要发生什么呢？学生作出了种种完全不同的猜测。随后教师让学生阅读本书的第五章，看看故事的结局是什么，第一章 Scrooge 阴暗冷酷的风格是否延续到了最后。学生通过阅读发现，故事最后 Scrooge 居然变成了一个完全不同的人！他不仅慷慨地给予别人金钱和帮助，享受圣诞节的欢乐，还愉快地度过了余生。然而这中间又发生了什么？第一章中阴冷吝啬的 Scrooge 经历了什么才会有如此大的转变？第五章篇首提到的幽灵又是怎么回事？幽灵与 Scrooge 的彻底转变是否有关系？……教师留下了这些悬念待学生课后独立阅读本书的其余部分去发现。

笔者在授课过程中观察到很多学生按捺不住好奇心，等不及下课已经开始悄悄地读本书中间的章节了。从学生课后独立阅读后完成的任务单反馈来看，以上设计起到了有效的引导作用。借助本课已获取的部分内容，学生课后独立获取了剩余内容，完成了对整本书内容的整体建构，并在后续的讨论课上，用口头讲述的方式对整本书的主要内容进行了较好的输出表达。

（二）借助视图工具，提升学生的阅读策略

为了帮助学生加深对 *A Christmas Carol* 这一类虚构类章节书的理解，教师需要引导学生掌握提炼书籍主线信息、分析书中人物性格特点以及探寻书籍主题意义等相关的阅读策略。笔者在本书的教学设计活动中借助了几个不同的视图工具，帮助学生深入理解这本书的内容，同时学生也可以将这些视图工具迁移到其他虚构类章节书的阅读中。

笔者首先引导学生使用故事地图提取整本书的主要信息。笔者在

第一节导读课上有意引导学生在读完第一章后概括该章的主要内容，旨在引出整个故事的开端和矛盾冲突。随后让学生预测故事的走向并阅读本书最后一章，旨在引出故事的结局，并留白中间过程，鼓励学生在课后独立阅读并整理出来，在后续的讨论课上交流。故事地图的使用不仅让学生能够快速提取文本的重要信息，也让学生学会了虚构类章节书的阅读方法，即通过关注和提取开端、矛盾冲突、情节发展过程、高潮、结局等主要构成要素完成对文本整体脉络的把握。本节课故事地图如下（见图 3.11）。

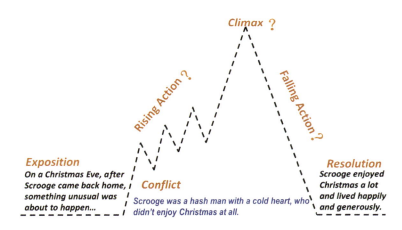

图 3.11　故事地图

另外，笔者通过人物分析视图引导学生学会虚构类章节书的人物分析方法。为使这一方法的学习更加直观生动，教师在课上播放了一小段视频，介绍了 STEAL 人物分析法，即从人物的所说（Says）、所想（Thinks）、对他人的影响（Effect on Others）、所做（Actions）和外表（Looks）五个方面综合考虑此人的主要性格特点（见图 3.12）。

What kind of person is Scrooge?

图 3.12　人物分析视图

在学生讨论交流完第一、五章提供的各种线索后，笔者鼓励他们在课后独立阅读本书其余三章时，也注意提供和补充相关信息，从而学生在整本书阅读结束后，能够借助人物分析表（见表 3.2），体会并描述 Scrooge 在三个幽灵出现之前、中、后的性格变化过程。

表 3.2　人物分析表

The Change of Scrooge...					
	Chapter 1	Chapter 2	Chapter 3	Chapter 4	Chapter 5
Says					
Thinks					
Effect on Others					
Actions					
Looks					

（三）探究主题意义，引领学生的精神成长

文本内容只是书的表层信息，虚构类章节书阅读教学的另一个重要意图是通过探究整本书所蕴含的富有教育意义的主题意义，促进学

生对自然、社会、自我的思考，实现学科育人、立德树人的课程目标。笔者选择 *A Christmas Carol* 一书，既因为本书语言地道，故事情节和对白引人入胜，也因为该书寓意积极向上，主题意义明显——人们要常怀一颗仁慈、善良、感恩之心，宽厚待人，懂得给予。

　　笔者在从导读课开始的连续三个课时中，始终围绕着本书主题意义来设计活动任务，有意通过多种设问引导学生在文本与自我之间建立关联，旨在引导学生结合 Scrooge 的所作所为思考自己的生活，在他人经验中看到自己，丰富自己的生活体验，实现精神成长。为达到以上目的，笔者在教学活动的设计中使用了情景代入和角色代入建立文本与学生个体之间的关联。例如在读完第一章后，笔者提出以下问题组织学生分组讨论。

　　1）Did Scrooge accept Fred's invitation for the Christmas dinner? Why or why not? What would you do if you were Scrooge?

　　2）Why did Scrooge refuse to donate to help the poor and distressed? If there is a donation programme in your school, will you help? What will you do?

　　在第二课时的讨论交流课上，教师借助本书的故事地图，有意识地提炼了两个帮助学生潜移默化理解主题意义的主要问题。

　　1）How did Scrooge feel while he was saying "Spirit! Why do you torment me?" at the end of Chapter 2?

　　2）Scrooge refused the Christmas invitation, but in Chapter 3, Fred laughed and said, "Poor Uncle Scrooge! I still invite him every year." If you were Fred, would you be glad to invite Scrooge every year for Christmas? Why or why not?

在设计本书第三课时的综合输出活动时，教师仍然使用了情景代入和角色代入的方法，尽可能使文本与学生个体之间产生关联。教师设置了基于如下情境的写作活动：At the end of the story, "people said that Scrooge knew how to keep Christmas better than anyone". Suppose you were Scrooge, please tell people what happened in your dream and how you understand Christmas now.

在讨论交流和综合写作活动过程中，学生被问题和活动驱使，反复回归文本去阅读，在思想碰撞和分享的过程中，对什么是圣诞精神和好善乐施、慷慨待人的美好品行有了更深的领会。除加强文本与学生自我认知之间的关联外，对书中主要人物的性格特征进行分析和评价也是虚构类章节书阅读过程中探究主题意义的一个有效手段。在讨论交流课上，教师还引导学生结合文本内容和视图工具分析 Scrooge 性格的巨大转变，将书中主人公的所说、所思、所做与自己的生活经验、情感认知和价值判断进行关联，对学生深入理解整本书的主题意义起到了推动作用。

（四）品读细节，促进学生的语言积累

英语整本书阅读的一个重要特色在于书中生动、丰富、优美的语言表达不仅能够引起读者的情感共鸣，更值得读者欣赏模仿。本书作为世界名著的改写本，蕴含丰富的语言欣赏和学习材料。笔者在本书的教学过程中主要选取了人物性格和心情描写的相关语言作为学生语言积累的着力点，旨在引导学生在阅读和学习活动中，除关注人物性格变化过程外，也能领略和积累形象生动的语言，为后续语言输出活动奠定基础。

在第一节的导读课上，教师通过引导学生分析 Scrooge 的性格变化，

让学生在第一章和第五章中找出描写其性格和心情的语言，如：

1）Scrooge was a harsh, thin man with a cold heart, and cared only for making money and keeping it.

2）"I'm alive!" he cried in delight. "It's Christmas, and my life is ahead of me!"

3）Everything he did, singing carols in church, watching the happiness of people in the street, everything gave him joy.

4）Scrooge lived happily and generously for the rest of his life.

学生在教师的引导下大声朗读这些句子并摘抄到笔记本上。同时，教师还鼓励学生在后续自主阅读过程中，把书中所有其他刻画人物性格和描写人物心情的句子也都摘录在笔记本上，大声朗读欣赏，在后续的讨论交流课上与同伴交流分享，并在最后的写作输出环节进行借鉴。

如果学生语言水平较低，教师也可以通过语言导读进行词汇预教，帮助学生学习一些关键词汇，为后续阅读扫清障碍，增强学生的信心。

三、教学效果与反思

（一）围绕英语学习活动观展开设计

《普通高中英语课程标准（2017 版）》（中华人民共和国教育部，2018）首次提出了指向英语学科核心素养发展的教学途径——英语学习活动观。与教材的阅读教学一样，虚构类章节书的教学设计也应该紧密围绕英语学习活动观的理念展开。

本案例中，在三个彼此关联的课时内，教师首先通过第一课时的导读课引导学生开展了学习理解类活动，帮助学生借助故事地图梳理本书的主要情节，建立书中主要情节间的关联，为学生后续深入理解主题意义奠定了基础；在第二课时的讨论交流课上，学生基于前一阶段对主要情节的梳理，用自己的语言讲述了故事的主要经过，开展了对 Scrooge 性格变化的讨论、分析等应用实践类活动，进一步深化了对主题意义的理解；在第三课时的生成课上，教师创设了新的情境，鼓励学生结合本书的主要情节、从书中获得的启示以及积累的语言，用书面形式完成综合性写作任务，表达自己的观点和情感。这三个连续课时既是学生语言知识与语言技能整合发展的过程，也是文化意识不断增强、思维品质不断提升、学习能力不断提高的过程。

（二）从"一本书"到"一类书"

笔者及所在的团队开展章节书阅读教学的一个愿景是希望通过一本本共读书的课堂精读教学实践，引导学生获取和运用理解整本书内涵所需的思维工具和方法，掌握整本书阅读的策略，教师通过"授之以渔"，帮助学生从读明白"这本书"到读明白"这类书"，逐渐成为有自主阅读能力的英语学习者。

本案例选取的 *A Christmas Carol* 是分级阅读材料中虚构类章节书的一个代表，教学设计中提出的四种教学策略，以及三个连续课时的设计在其他类似的章节书阅读教学中可以借鉴使用。但需要注意的是，并不是所有的虚构类章节书都要在这几个方面做到面面俱到，或是局限于三个课时，教师可根据整本书文本材料的难度和厚度、学生学习实际情况进行取舍和调整。

扫码获取
教学设计 2

第三节　非虚构类整本书精读教学策略

人文百科探奇——小学英语非虚构类绘本教学案例

北京大学附属小学石景山学校　瞿丽

一、绘本内容介绍与分析

　　小学英语阅读教学通常以图文并茂的绘本为主要阅读材料。随着英语阅读观从"学会阅读"到"从阅读中学习"的转变，非虚构类绘本阅读对学生阅读素养提升的重要性越来越受到人们的认可与重视。笔者将以外语教学与研究出版社出版的《丽声英语百科分级读物（第五级）》中的 *Erik's Viking Adventure* 一书为例，探讨小学英语非虚构类绘本教学策略。

　　Erik's Viking Adventure 是一本介绍北欧历史上维京时代人们出海经商的英语绘本。全书共 16 页，单词总量 330，比较适合全日制普通学校四年级或五年级学生。从内容上看本书属于非虚构类历史绘本。文本内容既有叙述性文本的连续性和线性发展特点，又有以非线性方式处理的事实性信息。全书由封面（Cover）、目录（Contents）、正文（Text）、词汇表（Glossary）、索引（Index）五部分构成。作者以小男孩 Erik 的视角，使用第一人称，采用一般现在时、一般将来时和现在进行时三种基本时态介绍了 Erik 第一次跟随父亲出海经商的经过，向读者展示了一幅 8~11 世纪维京时代人们的日常生活画卷。整个文本的文字与图片传递出浓浓的家庭温情和家庭成员之间的关心与体贴。文本中共有 6 个图注，这些图注以陈述事实性信息的方式，

采用一般过去时介绍了维京时代人们的一些生活现状。正文插图全部采用跨页的形式，共计 6 个跨页。每一个跨页与目录相呼应，呈现出维京时代的不同景象。插图中利用局部放大的形式插入了 8 幅维京时代的实物照片，有助于学生直观感受当时人们先进而精致的手工艺技术。

本书的英文名是 *Erik's Viking Adventure*，中文翻译成《北欧海盗历险记》。书中文字与图片没有人们想象中的海盗形象或与海盗相关的事件。因此，阅读过程中需要引导学生思考，绘本的中英文名字是否匹配。整个文本着力讲述了维京时代人们如何经商、他们的日常生活及当时发达的造船技术，力求为学生全面呈现出维京时代的社会风貌，使学生更客观地看待并理解维京时代的特点及人们的日常生活，感受维京人勇敢、坚毅的性格。

二、教学策略

多数小学英语分级绘本都有明确的主题内容，且都富有积极向上的精神意蕴，需要通过 2~3 课时的整体设计和多样化的阅读活动引导学生理解文本大意、探究并建构主题意义（张金秀，2019）。笔者根据多年阅读教学实践及所在团队的研究实践，建议小学分级绘本在中、高年级采用连续两个课时设计整本书教学活动，其中包括激趣导读课和讨论分享课。本册绘本整本书教学目标为：

➢ 能够理解绘本主旨大意，与同伴朗读文本；

➢ 能够与同伴合作阐述维京时代人们的生活方式及时代特点；

➢ 能够总结维京时代的特点，并以书面表达方式进行输出。

为了实现以上教学目标，笔者采用了如下教学策略。

（一）补充多模态语篇，激活学生对主题意义的已知

阅读英语非虚构类文本的意义有许多，除了促进学生语言能力发展、了解多模态文本结构特征、提升学生思维品质等这些人们共同认可的意义之外，还有一项重要意义就是引导学生学习自然和社会科学等领域的相关知识来发展科学素养，激发学生的探求欲，丰富他们的背景知识（路瑾，2019）。这是由非虚构类绘本是以传递自然和社会事实为主要目的的文本特质所决定的。

每一本非虚构类绘本中都包括大量内隐的文化知识和专业背景等信息，需要学生在理解文本大意的基础上，借助这些信息深化对主题意义的理解，丰富百科类知识。这就需要教师在备课过程中开展深入的学习，搜集并整理出相关知识，以学生可以接受和理解的方式呈现出来，如通过文本语篇、图示资料、音视频等多元化方式引导学生学习理解。

Erik's Viking Adventure 一书所涉及的维京时代是学生非常陌生的内容，需要采用大量的图片、文字、视频等资料帮助学生逐渐在头脑中建立起维京时代的概念。备课期间笔者先后阅读了图书《维京时代》，浏览了 The British Museum 官网（英文），观看了各种介绍维京时代的纪录片及海盗题材电影 *Pirates of the Caribbean* 等。在导入环节，笔者利用现代世界地图的欧美部分与维京时代的欧美地图进行对比。采用图文结合的方式引导学生了解维京人所处的地理位置、环境特点，为学生后续理解维京人的日常生活与活动做好铺垫。由于理解了维京人处于三面环海的半岛环境，在提问环节，学生才会问出：

They have to always go sailing to many places. But how can they go sailing without maps? 学生了解维京人生活的地理位置后，笔者利用一段简单易懂的视频带领学生简要了解了维京时代的起源与结束、日常生活等信息，帮助学生在头脑中初步建立维京时代的概念，以便理解文本中一些基本的常识类信息。

只通过文字理解一个国家、一个民族或一个时代的历史是片面的。第一课时学生理解了绘本大意，并对维京时代有了初步的了解。在此基础上，笔者设计了以进一步了解维京历史为主要目的的作业，并为学生提供了多角度介绍维京时代的文本、图片和视频资料。学生可以根据个人兴趣任选资料阅读或观看后，完成学习单。学生在通过此作业全面了解维京时代的同时，也获取了了解历史的方法，如对地理位置、社会经济、民族文化、社会生活等方面的分析，同时还为第二课时的讨论分享课做好了铺垫。

（二）借助书名，不断深化对主题意义的探究

阅读任何一种书籍，无论中文或英文，虚构类或非虚构类，捕捉关键内容，提炼主题都是阅读的一项重要能力。如果读完一本书或一个章节后，没有理解文本的主题，说明没有真正理解文本内容。因此，在课堂上开展非虚构类绘本共读活动时，教会学生如何捕捉核心内容、了解文本主题就显得非常关键。

那么该如何让学生了解图书的主题呢？以 *Erik's Viking Adventure* 这本书来举例。教师要引导学生在阅读过程中通过梳理主要内容，分析信息背后所传递的维京时代地理特点、天气特点、社会生活、文化习俗等一系列事实性问题。

在本书的阅读教学过程中，笔者共设计了三次针对文本主题的讨论活动。在最初的观察绘本封面环节，学生就针对此书的中英文名字

提出了质疑。Why is the Chinese name for this book "北欧海盗历险记"？Does Viking mean "北欧海盗"？在第一遍通读文本之后，再次引导学生思考主题：What do you think this book is mainly about? 这时学生的观点已经出现分歧：It's about the history of Viking. / I think it tells us about Erik's first trip with his dad. / This book is about how people lived in the Viking Age. 笔者在充分肯定学生多样的观点后并没有组织学生进行分析与讨论，而是让学生将自己的观点记录在学习单上。在第二课时的最后环节，笔者又一次引导学生回顾文本，思考文本主题，并修改绘本的中英文名字。这时学生提出了五花八门的想法，许多学生认为可以保留英文，修改中文，如《埃里克的第一次出海》《勇敢的维京民族》《维京民族历险记》《维京人生活发展史》等。通过学生修改的书名，可以看出有的学生认为这是一本有丰富的出海经商故事情节的虚构类绘本，有的学生认为这是一本讲述维京时代的历史书，还有的学生认为这是一本引导学生初步感知历史的桥梁书。由此可以看到，同一本绘本会带给不同读者不同的感受。但无论怎样理解文本，对于小学生而言，这样的绘本为他们提供了丰富的历史类题材阅读资源，也最大限度地还原了历史真实面貌，可以帮助学生更好地感受历史、触摸历史。

（三）基于文本特征设计差异化阅读活动，实现个性化阅读

非虚构类绘本的文本特征很明显。因此在引导学生阅读的过程中，不必要求学生必须按文本顺序读完全篇。成年人在阅读一些非虚构类图书时，也会根据目录或其他线索，找到需要的或感兴趣的内容详细阅读。在课堂教学中带领学生阅读非虚构类图书时，也可以很好地利用这一点。有时从头到尾读一本非虚构类图书其实是一项大工程，需要学生理解文本中不太常见的词汇，或比较难懂的段落。这也是学生

不愿意拿起非虚构类图书的原因之一。这时，可以降低要求，告诉学生只读喜欢的部分就好。

笔者在 *Erik's Viking Adventure* 教学过程中的探究、分析、讨论、分享环节都依据此策略展开，为学生创设了一个轻松的氛围，引导学生根据个人兴趣与思考选择探究点展开阅读。

分析目录、初读文本后，在梳理文本主要内容的环节，笔者依据目录的六个主题在学习单 A（见图 3.13）中设计了不同的学习任务，并要求每组根据组内同学的意愿任选两个主题阅读、讨论并共同完成学习单，笔者鼓励各个小组进行台前展示。

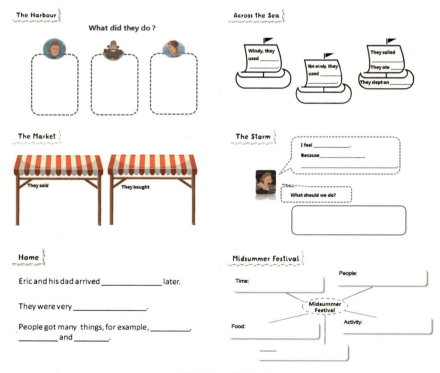

图 3.13　学习单 A

　　非虚构类绘本中会出现与主题相关的新词汇，此绘本采用了图片标注或在词汇表中解释的方式列出了 17 种物品。笔者设计了图词匹配练习帮助学生理解词汇。以博物馆展品标签的形式讲解这些物品最基本的知识（见图 3.14），如年代、材质、用途等，然后让学生选择最喜欢的一件物品进行描述，意在让学生结合个人兴趣深入了解此物品的历史知识或现实知识，推动学生思维的深入性与审辨性发展；同时渗透参观博物馆的基本方法及仔细观察的良好习惯。第一课时的作业内容也是结合个人兴趣选取相应的资料进行深入学习与了解。

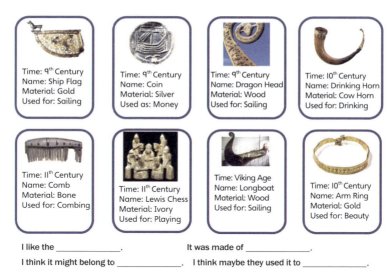

图 3.14　学习单 B（词汇拓展练习）

　　文本中出现了六小段以非线性方式处理的事实性信息，这也是非虚构类文本的特征之一。这些信息涉及教育、航海、社会生活、文化习俗等方面，有助于学生全面深入地了解维京时代的社会生产生活状况。但每一条信息背后都包含大量的历史背景及文化知识，如何引

导学生根据已知得出背后蕴涵的信息呢？笔者采用了因果类分析视图
（见图 3.15），学生任选其中一至两点，并根据文本中找到的证据，
结合教师提供的补充信息得出结论。由于结论是直接信息处理的结果，
因此学生之间会产生显著的差异，这种差异没有对错之分，只要学生
说清个人的思考及依据即可。意在通过此活动使学生学会推理，学会
透过现象思考成因，或基于原因推测结果的理性思维方式，并提高表
达的逻辑性与清晰度。同时，学生在分享与表达中对维京时代的生活
方式及时代特点有了更深入的了解与认识，这样就达成了教学目标的
第二点。

LIFE IN THE VIKING AGE

> Viking children didn't go to school.
> Viking toys were made of bone or wood.
> The Vikings told stories about sea monsters.

> Vikings didn't have maps.
> Vikings didn't have bathrooms or toilets inside their houses.
> Some Viking festivals lasted more than a week.

Viking children didn't go to school.

But they went sailing with their families.

But...

图 3.15　学习单 C（关于事实性信息的练习）

在第二课时中学生对维京时代有了比较深入的认识，笔者通过同
期历史横向对比的方式，让学生将维京时代与我国唐宋时期进行对比
并描述，利用开放性问题 If it's possible, which do you prefer, the Viking
Age or the Tang and Song Dynasties? Why? 引导学生结合个人实际认知
回答问题。"If" 这类的假设性问题可以帮助学生从其他角度审视同

一个问题。引用文本信息作为论据可以加深对文本主题的理解，这也是非虚构类绘本共读中经常采用的方式之一。

在教学过程中，笔者针对目录中的六个子主题设计了连续两课时的发散性思维活动。第一课时是学生初读文本、合作讨论、小组展示环节，学生分享对子主题的认识与分析后，教师以总结联想的方式分享个人观点。第二课时在学生对维京时代各方面有了比较深刻的认识之后，教师设计了读写结合的活动（见图 3.16），再次呈现前期教师的观点，稍做改动后引导学生根据个人认知任选内容完成表格，以书面表达的方式阐述个人对维京时代特点的认识与思考。

Rules:
- Read and decide if you agree or disagree with the statements.
- Circle your decision.
- Tell what supports your decision.

Maybe taking a ship was an important way to go to some far places in the Viking Age.	I agree. I disagree.	Because…
They usually went to the countries which were to the west of them.	I agree. I disagree.	Because…
There were some forests on the mountains in Scandinavia.	I agree. I disagree.	Because…
Vikings were not good at making handicrafts（手工艺品）.	I agree. I disagree.	Because…
Viking living conditions（居住条件）were really good.	I agree. I disagree.	Because…
Vikings had long winters and short summers.	I agree. I disagree.	Because…

图 3.16 学习单 D（关于六个子主题的拓展练习）

在非虚构类绘本阅读教学过程中，学生会对不同内容感兴趣。这时只要让学生根据自己感兴趣的那一篇甚至那一段完成相应的阅读任务即可。教学中一个小小的设计既体现了教师的深入思考，也是让学生愿意打开书进行阅读的关键一步。逐步引导学生认识到知识本身是有趣味的，阅读非虚构类图书也是很有意思的一件事，这是小学英语阅读教学中很重要的一项任务。

（四）引导学生主动探究与质疑，唤起创新意识

陶行知说过："行是知之路，学非问不明。"善于提问是学生培养思辨能力和创新能力最有效的手段之一。非虚构类绘本的阅读过程是解决问题、消除疑惑的过程。这个过程并不是解决完文本问题就结束了。好的阅读者随着阅读的深入对问题的理解会越来越深刻，这时他们会针对某些现象或原理提出更多的疑问，也希望再进一步了解更多的同领域知识。这也是学生未来做出更多发现与创新的基础与起点。

在阅读关于维京时代的文本过程中，第一课时最后笔者留出时间让学生思考是否有更多的疑问。教室里有短暂的沉默，学生有的翻绘本，有的看学习单。之后，学生的问题慢慢地多了起来：Is taking a ship the only way to go out in the Viking Age? / Why don't they sail to the east? / They can see the sunset, but how about the sunrise? / How can they go sailing without maps at that time? 这一系列的问题涉及地理、航海、社会生活等多个学科，这也正是阅读百科类读物所产生的连带效应。这些问题的提出引出了作业内容，即记录下自己的困惑与疑问。笔者也适时地提供了文字与视频资料供学生回家搜集和整理相关信息，并找到自己的问题的答案。

这种与多学科联系在一起的问题能够激发学生的好奇心和创造

性，培养学生猜想和探究的能力。阅读教学中应该给学生留出敢想能疑的空间与时间，从而真正激发出他们探究的渴望与兴趣。

三、教学效果与反思

（一）把握非虚构类文本特征，实现阅读素养的提升

　　阅读不同文本类型和体裁的文章或书籍，是学生提升英语阅读素养的重要路径之一。此案例是非虚构类历史题材读物。对于非虚构类文本小学生接触的并不是很多。在设计阅读教学活动时，教师没有直接进入文本正文，而是在引导学生观察解读封面，提出个人想法之后，带领学生一起了解 Contents，Glossary 和 Index 在阅读中的作用，以及如何借助它们理解文本内容。之后再走进文本，开展聚焦理解与表达的一系列阅读活动。

　　笔者是第一次尝试进行历史题材读物的阅读教学实践。如何能够借助绘本的有限内容帮助学生通史了今？如何引导学生以积极的视角看待维京时代的历史发展？如何引导学生客观看待历史事件？如何通过多渠道引导学生了解维京民族？带着这些问题，在备课过程中，笔者借助学习单、视频、博物馆资料等帮助学生补充历史知识，以拓宽学生的视野与思维。笔者采用纵向深入了解历史事件、横向了解同期他国历史的方式，帮助学生构建网状知识体系，在对比分析中坚定民族自信与文化自信。对于内陆长大的学生来说，尽管他们可以通过其他媒介了解沿海地区的生活状况，但他们难以感知海洋民族在当时那种条件下生存的困难与艰辛。笔者通过挖掘文本内涵，引导学生从地理、气候、生物等方面多途径了解海洋民族的历史，帮助学生加强阅读中的代入感，深化对文本的理解。

（二）在"思"与"言"的不断碰撞中培养积极阅读者

在此次连续课时的阅读教学过程中，笔者发现两节课的课堂节奏与气氛截然不同。学生从第一课时的紧张慢慢过渡到第二课时的放松及积极表达。第一课时中，在师生初步的阅读与沟通中，学生对维京人的历史有了大概的了解，他们的一些想法是在教师的不断启发与帮助下产生的。随着学生对维京人历史的了解越来越深入，慢慢地他们的思路被激活，并形成了自己的想法。在与大家分享观点的互动中，发言的学生和听讲的学生的思维与表达都逐渐变得清晰，全体师生经历了一次"思"与"言"不断碰撞的学习过程。

笔者在英语分级绘本阅读教学过程中，通常要求学生既要读文字，也要看图，能够理解文本，看到"话中有话"，通过文字与图片双路径进行深入的思考与分析。笔者首先基于绘本中的图片来激活学生的思维。在观察封面时，笔者首先引导学生关注图片细节，学生看到了银币、图腾、船上的人的表情与着装，然后笔者提到了绘本书名及历史主题。在看图片时笔者不断引导学生用 I think，I guess，I suppose 等句型表达个人的推测与观点，同时帮助学生区分事实与观点。例如：

S1: We can see some coins in the picture.

T: What can you see on the coin?

S2: I can see some pictures on the coin.

T: What do you think of the coins? Can you say something about the coins?

S3: I think the coins look very beautiful. Maybe the pictures are about ships.

T: Why do you think they are about ships?

S3: That's because they are near the sea.

第一遍通读文本、梳理信息后，教师再一次引导学生反思绘本的中英文名字是否匹配，并鼓励学生把自己的想法说出来。学生已经从最初的一问一答式交流变成了主动地表达观点。其实一些学生不回答问题，有的是觉得没想好，有的是不会用英语表达，还有的是怕说错。笔者一直鼓励学生"无论怎样，先把想法说出来再看"。

S1: I don't think this name is good. Because the book tells us about Erik's first trip.

S2: Erik and his dad are Viking traders. They go sailing to sell and buy something for home. They are not 海盗 (pirates).

在第二课时第三次讨论绘本名字时，学生已经对维京人的历史有了更多的了解，也形成了个人观点，这时学生的回答比较流畅，思考也比较深入了。

S1：I think the English name is good. Adventure is for Erik's first trip. At that time going sailing is an adventure. But I don't like the Chinese name. Not all the Vikings are pirates. We can say "维京人出海历险记"。

S2: I will give the name *Erik's First Adventure*. Chinese name is like "埃里克第一次历险记"。

S3：I think Viking is the key word in this book. The book tells us about the history of the Viking Age. I will call the book *The Viking Age*. Chinese name is "维京时代"。

鼓励学生把想法说出来，帮助学生在语言组织与表达的过程中不断提升语言表达能力。讨论分享的过程，不是停留在自说自话的层面，而是你说我听，我说你听，

扫码获取
教学设计 3

在互相倾听的基础上补充、提炼、深化观点，同时实现个人思考与他人观点的碰撞。

太空探秘——中学英语非虚构类章节书教学案例

北京景山学校　曾雯

一、章节书内容介绍与分析

Meteors 一书是《美国国家地理双语阅读（第四级）》中的一本，由外语教学与研究出版社出版。全书为中英双语，英文部分共 48 页，中文部分 16 页，书中使用了大量的真实图片，生动形象地介绍了一种独特的天文现象——流星，适合作为八年级学生的拓展阅读材料。

Meteors 一书是"人与自然"主题下有关地理概况、自然环境及社会发展的科普类读物。从语篇类型看，本书属于描述性纪实文体（Descriptive Nonfiction）。作者着重介绍了流星、流星体和陨石的概念，解释了流星体的成因，描述了陨石的类型，并列举了人类对流星的一些研究和发现。本书与外研版初中英语八年级下册第三模块 *Journey to space* 的话题一致，因此笔者将此书选为补充阅读材料。学生在学习了教材中有关太空探索的语篇后，已经对太阳系有了一定的了解，也意识到人类为探索太空做出了巨大的努力。学生填写的 KWL 表格信息反映出学生对太空的其他自然现象，例如流星、黑洞等，有极大的兴趣。对于八年级学生而言，阅读这本书可以极大地丰富和补充他们课本之外的太空知识，解答他们对天体认识的部分疑惑。同时，阅读人类对

太空的研究和探索成果，可以培养学生对天文知识的兴趣和对未知事物的探索精神。

本书将目录、地图、插图、图片说明、加粗字体、注释、索引等多种反映非虚构类文本特征的辅助内容，与文本描述搭配使用，激发学生的阅读兴趣，促进他们对主题的理解。这与学生熟悉的虚构类文本有很大不同，因此教师设计了文本特征表（Text Feature Chart），指导学生关注非虚构类读物的特征，建构有关体裁的语篇知识，更加有效地提取并理解整本书的主题信息。

二、教学策略

（一）利用信息结构图，促进逻辑性思维的发展

Meteors 一书属于非虚构类文本，涵盖多个信息点，内容略显庞杂。为了让学生清晰地了解流星的相关信息，整体上把握文本的主要脉络，教师设计了学生小组绘制信息结构图的学习活动。教师通过两个支架性步骤保障任务实施的有效性：1）引导学生关注非虚构类文本的文本特征，在教材语篇与整本书的比较性阅读中搜集信息点；2）组织学生小组合作完成信息的梳理，绘制信息结构图。学生在将语篇内容图示化的过程中，梳理抽象的内容，通过线条、图形、色彩等形式设计信息结构图，直观、具体地表达阅读中的思维过程（程标，2018），实现了列举、归类、对比、分析等逻辑性思维的发展（刘道义，2018）。

（二）利用文本特征表，聚焦整本书的语篇结构

非虚构类文本的文本特征鲜明，综合使用了目录、主／副标题、

插图、事实框、索引、资源链接等辅助正文描述。在第一阶段阅读指导过程中，教师引导学生利用文本特征表（见表 3.3），聚焦整本书的语篇结构。

表 3.3　文本特征表

Text Features （文本特征）	Pages	Questions
Table of Contents （目录表）		How many chapters are there in the book? Which chapter looks the most interesting? Why?
Headings & Subheadings （标题或副标题）		List all the headings and subheadings here. What topics have we learned in our textbook? What topics would we learn in this book?
Font Styles （粗体、斜体、大写、下划线、彩色或凸显单词）		List all the bold words here. Why do you think these words are worthy of special attention?
Illustrations & Pictures （插图或图片）		Choose a picture from the book. What can you learn from this picture? How does this picture improve your understanding or enjoyment of the text?
Captions （图注）		Choose a picture that has a caption from the book. Does the caption help to explain the picture? Why? Does the caption make you want to read more?
Maps （地图）		Choose a map in your book. What is shown on the map? How is it related to the text?
Fact Boxes （事实框）		Find a fact box in the book. Is the fact interesting? Is it important? Why do you think the author put this fact into a fact box instead of putting it into the main text?

续表

Text Features （文本特征）	Pages	Questions
Glossary （词汇表）		Choose 5 words from the glossary and write them with the sentences from the text.
Index （索引）		Which index helps you get information directly?

首先，教师引导学生阅读书的目录，观察和分析语篇结构，并通过提问鼓励学生关注语篇意义，如：Which chapter looks the most interesting? Why? 之后，教师指导学生列出所有主、副标题，分析哪些话题与教材语篇重合，哪些话题是教材语篇的补充，从而让学生对教材和整本书进行初步分析和比较，帮助他们逐步建立信息点之间的联系。然后，教师提示学生关注书尾的索引，找出书中讨论的新概念，并通过细节阅读完成概念的建构。最后，教师示范使用文本特征表中的事实框、插图等获取相应信息，补充并概括语篇的基本结构。

学生利用文本特征表阅读的过程，是梳理整本书语篇结构的过程，是初步搜集内容信息的过程，也是初步将教材语篇信息和整本书信息对比分析的过程。

（三）导出图谱，构建知识链接

完成信息的梳理后，教师让学生再次阅读整本书并绘制信息结构图。本课例尝试设计了评价量表（见表3.4），引导学生基于四个维度进行绘制并在课堂中分享讨论，以此促进学生关注信息结构图的逻辑性，在提升信息结构图质量的过程中发展严谨的思维品质。

表 3.4　信息结构图评价量表

	3 points	2 points	1 point
Contents	The map includes at least 4 subtopics in the book.	The map includes 2 – 3 subtopics in the book.	The map only includes 1 subtopic.
Connection	The map presents the connections between facts in a logical and organized way.	Connections are somewhat clear. Some connections are incorrect.	Connections aren't clear. Few connections are correct.
Design	The information in the map is easy to understand. (font, color, symbols, etc.)	Some of the information is difficult to read.	It's difficult to read the map.
Spelling & Grammar	No error.	1 – 5 errors.	More than 5 errors.

在内容方面，信息结构图要包含至少四个分支部分才能得到 3 分，旨在引导学生将全书信息进行有效的梳理、整合和再加工。*Meteors* 包含大量与流星相关的信息点，学生需要拟出主要分支并筛选重要信息。在关联性方面，信息结构图要呈现出有序的信息关联逻辑。信息结构图是对语篇信息的图示化过程，信息与信息之间的联系是图示的重要组成部分。在设计方面，信息结构图要清晰易懂。设计维度的评价标准引导学生充分利用字体、颜色、符号等对信息结构图进行规划设计，凸显重点信息及其联系。在语言准确性方面，要尽量避免拼写或语法错误。

从学生作品（见图 3.17）可以看出，这四个维度对利用信息结构图发展逻辑性思维提出了具体要求，学生对照评价标准，不仅绘制了新颖、高质量的信息结构图，还发展了信息归纳的思维能力。

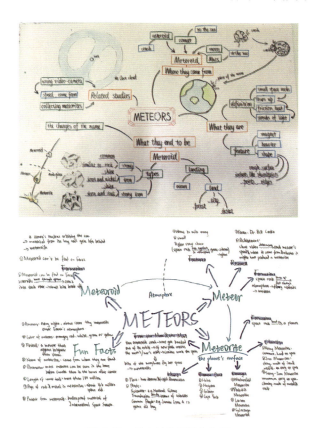

图 3.17　信息结构图学生作品

（四）利用自主提问与评价，促进批判性思维的发展

批判性思维包括判断推理、质疑解疑、求同辨异和评价预测等方面（黄远振等，2014）。教师在整本书读后活动的设计中着重利用自主提问和评价，促进学生批判性思维的发展。

1. 通过提问发展判断推理和质疑解疑的思维能力

培养学生"分析问题和解决问题的能力"是英语教学的重要目标

之一（中华人民共和国教育部，2018）。为了实现这一目标，教师要注重培养学生自主提问的能力。自主提问的过程从本质上来说具有元认知的特征（Ciardiello，2000），可以帮助学生积极监控理解过程，实现深度理解（杨小洋，2003）。可见，自主提问有助于学生问题解决能力及高阶思维的发展。

首先，教师借鉴 KWL 表格（Carr & Ogle，1987）（见表 3.5）积极引导学生自主提问。在本课读前和读中指导中，教师充分利用 KWL 表格中的 I wonder 部分，鼓励学生带着疑问去阅读和自主探究。教师还着重推荐了提问、联系和推断三种阅读策略，并进行示范。例如，针对第二章标题提出问题 Do all the meteoroids fall down to Earth?；引导学生分辨 meteoroid, meteor 和 meteorite；针对流星体的来源，引导学生联系英语教材第三模块中所了解到的太阳系的构成，进行推断和阐释。学生利用这些策略，在阅读过程中持续与文本对话，从多角度设问。学生提出了多个不同层次的问题，例如：What are the features of meteorites? Where can we find meteorites? What can meteorites be used for? 等。

表 3.5　KWL 表格

I know	I wonder	I learned（from M3）	I still wonder

I learned （from the book *Meteors*）		I still wonder	I learned （from other resources）

其次，教师筛选问题并组织学生讨论。King 和 Kitchener（2004）按照学生的认知水平，将问题划分为事实性（factual）、推论性（inferential）和批判性（critical）三个层次。事实性问题基本上能在阅读材料中找到答案，这类问题缺乏深入讨论的意义。推论性问题在文本中没有现成答案，学生需要对已有材料进行概括、总结、比较，教师需要在课堂上进行适当指导和解释。批判性问题需要学生综合文本、先前知识和生活经验进行评价和批判。根据这一标准，教师将学生提出的问题进行了归类，结合本课探究的主题意义选择了以下五个问题在课堂上组织深度的讨论和分享。

1）What are the differences among meteoroid, meteor and meteorite?

2）Where do meteoroids come from?

3）Why do people always make a wish while watching the comet? Is that scientific?

4）Where have people found meteorites so far?

5）Would you like to find a meteorite near your home? Why?

2. 利用评价量表发展评价的思维能力

评价是思维品质的一个重要方面，即根据指定标准判断正误或真伪并给出原因，对学生的思维能力有更高的要求（Waters，2006）。教师应当在课堂上为学生评价能力的提升提供必要的支架。本课例的教学设计共包含两个输出活动，信息结构图的口头展示和读后写作。本课并没有采用传统的教师给分制，而是通过评价量表指导学生进行自评和互评，促进批判性思维品质的发展。下面以写作任务的量表（见表 3.6）为例，介绍评价量表的使用。

表 3.6　非虚构类文本写作评价量表

	20 – 25	15 – 20	Below 15
Opening Paragraph	Include a clear and coherent opening paragraph to introduce the topic.	Include an opening paragraph to introduce the topic.	The opening paragraph does not guide the topic.
Details	Name three facts in the body paragraphs.	Mention two aspects from the three.	Mention one aspect from the three.
	Follow the facts with supporting sentences / examples, and explain reasons.		
Closing Paragraph	Make a closing paragraph that relates well to the topic.	Make a closing paragraph that relates loosely to the topic.	Make a closing paragraph that does not relate to the topic.
Transition	Organize the writing with various transition words and phrases.	Organize the writing with transition words and phrases.	Organize the writing with few transition words and phrases.
Vocabulary	Refer to the text and use key vocabulary properly in the context.	Refer to the text and include key vocabulary.	Refer to the text and copy key vocabulary.
Wordcount	More than 100 words.	80 – 100 words.	Less than 80 words.

　　教师通过介绍量表，向学生明确写作任务，半开放性的任务设计给学生留有自主空间；以评价量表的方式从内容、格式、语言准确性和流畅性等多个方面为学生提供写作支架及评价标准，促进评价与教学的一致性。学生使用评价量表，对自己和同伴的作文进行自评和互评，发现写作中的优缺点以及需要改进的问题。

（五）利用读后创造性写作，促进创新性思维的发展

培育思维能力最重要的在于如何创造引发思考的情境和深入思考的必然性（郭宝仙、章兼中，2017）。读后活动是阅读的延伸，是对阅读效果的检测，对学生的思维要求高，挑战大（贵丽萍，2019）。非虚构类文本侧重信息的传递和解释，通常难以和读者的实际生活产生联系。为了解决这一问题，本课设计了半开放性写作任务，以 Three _____ Things You Need to Know About Meteors 为题鼓励学生对文本信息进行梳理、讨论和拓展，并加入自己的理解。学生习作中出现了一系列极具个性化的标题，例如 Three Interesting / Weird / Dangerous / Cool Things You Need to Know About Meteors 等。学生从流星、流星的研究、陨石的形成等角度描述流星这一独特的天文现象。其中，不少学生对流星、彗星、陨石进行了对比，也有学生结合教材中的太阳系知识对流星体的来源做出了更加形象的说明，部分学生对彗星（又名扫帚星）表现出浓厚的兴趣。可以看出，半开放性读后写作任务有利于学生在阅读完事实性信息较多的文本后，结合自己的认知，使用阅读中所获取的事实性信息和相关语言知识表达不同的感受，有利于创新性思维的发展。

三、教学效果与反思

非虚构类文本与虚构类文本在主题、内容、体裁特征、语言等方面各具特点。从主题语境上看，非虚构类文本虽然涉及"人与社会"中的"科学与技术""历史、社会与文化"等主题，但是大多数则是包含在"人与自然"这个大主题下。从内容上看，非虚构类文本通过介绍客观事物的特点和性质、事件发生和发展过程等主要内容，为读

者增进相关知识，因此更加强调内容的科学性。从体裁特征来看，非虚构类文本有其独特的文本特征，如使用插图、地图等，文本结构多采用对比、顺序、原因和结果、问题和解决等方式展开。非虚构类文本的语言与主题意义密切相关，且专业术语较多。基于对非虚构类文本文体特征的深度分析，本课例整合学习内容，设计具有综合性、关联性和实践性特点的英语学习活动，引领学生英语学科素养的提升。

（一）聚焦"是什么"

非虚构类文本阅读的目的是以信息获取为主，因此教学中首先要指导学生弄清事物"是什么"。

一方面，巧用非虚构类文本的文本特征，如目录、插图等，指导学生初步获取文本信息。教师从目录入手，引导学生初步了解整本书的内容构成，激发学生的阅读兴趣；利用词汇表，课前预教关键生词，帮助学生扫清部分阅读障碍；使用索引，指导学生快速定位具体文本信息；引导学生关注插图和字体等其他文本特征，进一步理解文本信息。通过使用文本特征表，学生能初步完成非虚构类文本的信息提取。

另一方面，利用信息结构图等，帮助学生获取和整理信息，梳理文本结构，进而引导学生归纳文本的体裁特征。基于文本特征表，学生已经初步获取了大量碎片化信息。因而，教师利用信息结构图，指导学生再次阅读，关注信息点之间的关联，并以图形的方式表现出来，达到信息梳理的目的，进而归纳出文本的结构特征。在这个过程中，学生的逻辑性思维得到了发展。

（二）启发"为什么"

学生在了解事物"是什么"的同时，还要思考和讨论"为什么"，进而提高批判性、创新性等高阶思维能力。

首先，利用 KWL 表格，培养学生自主提问的能力。学生在充分阅读文本的基础上，通过教材文本和拓展阅读的文本信息之间的对比和关联，建立知识间的纵横连接，不断打破思维局限，对已学知识进行批判性思考，并结合生活实际，进一步提升创新性思维。

其次，利用评价量表，培养学生的批判性思维能力。本课设计了信息结构图评价量表和写作评价量表，旨在帮助学生完成输出任务，同时对自己和同伴的作品进行有针对性的评价。以评促学，帮助学生明确个人课堂学习的实际收获，充分参与课堂。

再次，创设开放性输出活动，培养学生的创新性思维。*Meteors* 一书的主要输出活动为信息结构图的绘制和半开放性的写作任务，两者均没有固定答案，也没有统一的样式。因此，学生有多样化表达与选择的自由，从而激发创新性思维的发展。

阅读教学是促进思维发展的重要途径，整本书以其完整性和丰富性在促进学生思维品质发展方面具有突出的优势。教师在指导整本书阅读的教学中应深入挖掘文本的主题意义，合理设计任务，引导学生逻辑性、批判性和创新性思维品质的发展。一方面，教师要利用整本书语言素材的丰富性和语篇结构的复杂性，提升学生信息整合、归类等方面的逻辑性思维品质。另一方面，教师要利用整本书篇幅的长度和主题的独特性，通过读说、读写技能的整合性任务以及基于量表的评价活动，促进学生批判性和创新性思维品质的发展。

扫码获取
教学设计 4

第四节　短篇小说精读教学策略

品读经典——中学短篇小说教学案例

北京师范大学第二附属中学　王健

一、短篇小说内容介绍与分析

　　短篇小说因其篇幅较短、情节紧凑、人物鲜明、主题突出、语言地道等特点成为中学英语教学中拓展阅读的重要选材来源。将经典短篇小说运用于中学英语阅读教学，有助于学生产生学习兴趣，领略英语语言之美，提升文学欣赏能力。此外，主题深刻的经典短篇小说能有效引发学生思考，有助于实现对学生情感、价值观的教育，提升学生的思维品质（张静华，2018）。在众多经典短篇小说中，欧·亨利的作品极具教学价值。欧·亨利被誉为"美国现代短篇小说之父"，他的短篇小说构思巧妙，语言幽默诙谐，在艺术处理上的最大特点就是"反转式结尾"——情节似乎朝着一个方向发展，结果却往往出其不意，只有到了最后一刻，"谜底"才被最终揭开。本节将以欧·亨利的短篇小说 *Hearts and Hands* 为例，探讨中学英语短篇小说教学策略。

　　Hearts and Hands 以千字左右的精短篇幅讲述了一个情节跌宕、内涵深刻的故事：一位警长在押送犯人途中意外与犯人的故交——一位优雅而迷人的女士相遇。出于保护犯人自尊心的考虑，警长不但没有揭穿犯人的真实面目，还利用两人双手铐在一起的便利条件为犯人打掩护，使那位女士和读者都以为警长是罪犯、而女士的朋友是警长。

当警长和犯人最后借故离开后，旁边两位旅客的对话才使读者明白谁是真正的警长和真正的罪犯。作为欧·亨利的经典作品之一，本文在三个方面的教学价值格外突出。第一，文学欣赏。作者写作手法巧妙，用先知视角展开叙事，在真相揭晓之前，读者并不知道谁是警长、谁是罪犯，而且作者用了很多笔墨"故意"引导读者产生误解，直到最后才通过周边旅客的观察和讨论揭开谜底，体现出反转式结尾的特征，既出人意料，又在情理之中。指导学生识别和感受这样的写作手法所带来的强烈的艺术效果，有助于学生提高文学欣赏水平。第二，高阶思维。本文打破传统的警察必然强势、犯人必然猥琐的叙事定式，通过描述警长、犯人、犯人故友、旅客之间的对话互动，呈现出人性中的善意、人与人之间的温情。但文本并没有明确给出这一主题，而是需要学生在阅读过程中基于对文本的理解以及联系自己的生活经验进行分析推断、提炼和评价。同时，作者对警长和犯人这两个人物"表里不一"特点的刻画，即人物的"心"（心地或品质）与他们被铐在一起的"手"（外表、行为或表现）之间的矛盾和反差，使人物形象分析变得更为复杂，也为学生展开深入的思辨分析提供了可能。第三，语言能力。本文语言以细腻的细节描述见长，对人物的刻画准确而传神，如 Among the newcomers were two young men, one of handsome presence with a bold, frank countenance and manner; the other an ruffled, glum-faced person, heavily built and roughly dressed. 通过对人物面容、形体、衣着等的细致描写使两个人物跃然纸上。

二、教学策略

短篇小说以塑造人物形象为中心，通过紧凑、完整的故事情节和对自然环境、社会环境的描写和渲染来表达作品的主题。对于短篇小说，不仅要知晓作者写的是什么，还要探究作者的创作意图（为什么写）以及作者用了什么方法将各要素有机组织起来（怎么写的）。基于短篇小说的文体特点和对 *Hearts and Hands* 的具体分析，教师将这篇小说的教学目标确定为：学生能够预测故事情节发展和推测标题，并提炼故事主题；能够基于文本证据，分析两个主要人物的性格特征；能够运用细节描述进行故事续写。

（一）基于文体特征设置多重预测，引导学生探究文本主题意义

Hearts and Hands 这篇小说以情节反转取胜，适合组织学生开展预测，拓展阅读体验。针对这一特点，教师对文本进行了加工、改造，隐去小说的标题和作者的名字，并把整篇小说根据其结构特点分成三个部分，即背景创设、故事主体、反转结局，依次呈现给学生，引导学生在阅读过程中进行了三次预测和验证或修正，极大地激发了学生的阅读兴趣。

第一次预测开始于文本第一部分的阅读，即小说第一段和第二段的前两句，讲述优雅迷人的 Fairchild 小姐在火车上遇到了两位手铐在一起的男士，这两位男士就坐在 Fairchild 小姐对面。教师在检查学生对这部分内容的理解的基础上，让学生提出自己感兴趣的问题，引导学生对故事下文做出预测：What do you think would happen? What questions do you have for the following part?。课堂上学生提出很多问题，如 What was the relationship among the characters? / Why were the two men handcuffed? / Where were they going? 等，表现出极为浓厚的持续阅读的兴趣。

教师让学生带着自己的预测阅读文本第二部分，即故事主体：

Fairchild 小姐认出其中一人是自己的老友 Easton，与其交谈，以为他是警长，对方借故告别。教师先通过问题链和人物性格分析，引导学生验证和修正自己的预测，梳理故事情节。随后，教师组织学生做第二次预测，即对结尾进行预测：Can you predict the ending of the story? 学生基于自己的生活经验和阅读经验提出丰富的可能性，如皆大欢喜式的爱情结局 Miss Fairchild realized she loved Easton, so she followed them to Leavenworth, and finally they got married.，也有警惕人性之恶的结局 Actually, both the men were criminals, who planned to cheat Miss Fairchild out of her money.。

在学生充分表达预测的基础上，教师呈现第三部分，即小说结尾，让学生阅读：同车厢两位旅客的对话使读者意识到 Easton 不是警长，而是罪犯；而那个自称罪犯的人才是真正的警长。故事在两位旅客看似无意的对话中达到高潮。由于故事结局与学生前面的预测相差太大，但又符合情理，学生受到了很大的思维震撼和艺术震撼，流露出恍然大悟的神情，并为作者对人性的深刻感悟和高超的艺术手法所折服。

在学生感受到小说结尾的"出人意料"后，教师让学生做第三次预测，即结合以往的阅读经验推断本文作者和小说标题。学生根据情节反转这一特点很快推测出作者是欧·亨利。教师对学生的预测结果予以肯定，并引导学生梳理前文中的伏笔和铺垫，进一步论证结局的合理性。在小说标题方面，学生根据文本内容给出了多样化推测，如"Handcuffs""The Right Hand""Marshal? Criminal?""Two Criminals"以及"Actors"等。接下来，教师给出小说标题"Hearts and Hands"，让学生比较自己推测的标题和小说原标题，引导学生探究原标题所体现出来的故事表象与本质之间的关系，即该小说看似描写的是"被铐在一起的手"的故事，揭示的却是"心"的问题——人们心灵深处的人性美。

通过这三次预测及验证，学生对小说的故事情节、主题和作者的写作手法都有了较为深刻的认识和理解。

（二）借助人物情感变化图与性格分析表，引导学生推断人物性格

整合与阐释是学生阅读素养的重要组成部分，教师需要引导学生在阅读过程中整合文本信息形成合理推论（OECD，2016）。在短篇小说阅读中，利用文本信息推断故事中人物性格特征是很好的整合阐释活动。因此，在学生熟悉故事情节、感受写作艺术后，教师组织学生再次深读文本，通过结构视图搭建人物性格分析框架，引导学生深入品析小说人物性格，并在此基础上分析作者刻画人物的方法。

Hearts and Hands 有三个主要人物——Fairchild 小姐和真假警长。作者对 Fairchild 小姐的刻画主要通过语言和神态描写完成，特别是对其面部表情细微变化的描写，让读者产生了强烈的画面感。通过捕捉人物的情绪变化，可以深入理解人物的心理并推断其性格。因此，教师为 Fairchild 小姐设计的可视化分析框架是情感变化图（Emotion Map），引导学生挖掘细节描写中隐藏于文字背后的人物情绪，用形容词概括出来，并用文中细节支撑自己的观点。在学生分享 Fairchild 小姐的情感变化图（见图 3.18）后，教师继续追问：According to what you've learned about Miss Fairchild, what kind of person do you think she is? 学生基于文本研读和人物理解提出：On the one hand, Miss Fairchild is naive, innocent and simple. She is too willing to believe that someone is telling the truth. On the other hand, she is shallow. She is easily influenced by other people and judges people by their appearance.

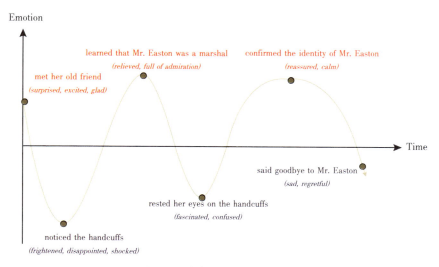

图 3.18 学生设计的情感变化图

　　欧·亨利对真假警长进行了语言、动作、肖像和神态等多种描写。有趣的是，在身份反转前后，读者可以对这些描写做出完全不同的解读。因此，教师利用 LAS 人物性格分析表（见表 3.7），让学生从形象（Looks Like）、动作（Acts）、语言（Says）三方面对真假警长进行了两次人物性格分析。第一次分析是在读结尾之前，这时学生认为英俊、自信的 Easton 是警长，而着装粗糙、面容阴郁的人是罪犯。例如，学生通过文本中 Easton 和朋友握手时的细节描写 "It's Miss Fairchild," he said, with a smile. "I'll ask you to excuse the other hand; it's otherwise engaged just at present."，推断 Easton 是一个风趣、幽默的人。第二次分析是在读结尾之后，学生已经知晓两人的真实身份。学生根据同样的信息做出了完全不同的评价：He was quick-minded and good at cheating others. 再如，对于面容阴郁的警长，学生提道：Before I knew the real identity of the glum-faced man, I thought he was rude, which I could tell from Line 24, "The glum-faced man had been watching the girl's countenance with veiled glances from his keen, shrewd eyes." Now I think he was good at observing, which was a typical quality of a real marshal. 这些回答都呈现了学生有效整合文本信息做出合理推论的能力。教师在黑板上记录学生两次人物性格分析的关键词，并用不同颜色表示前后对比，强化学生基于文本信息整合进行观点推断的能力。

表 3.7　LAS 人物性格分析表

Character:	
Aspects & Evidence	Adjectives to Describe the Character
Looks Like 1. Line ＿＿＿＿＿ 2. Line ＿＿＿＿＿	
Acts 1. Line ＿＿＿＿＿ 2. Line ＿＿＿＿＿	
Says 1. Line ＿＿＿＿＿ 2. Line ＿＿＿＿＿	

（三）设计开放性续写任务，引导学生深化主题并内化语言

读后续写结合了模仿与创造，学习与运用，是提高外语学习效率的一种有效方法（王初明，2012）。短篇小说因其自身特点非常适合进行续写。通过续写，教师可引导学生模仿原作的写作特点和语言特点进行符合情理的想象和创造，深化主题和内化语言。

对于 *Hearts and Hands* 一文，笔者创设的续写任务是：假设十年后 Fairchild 小姐再次与 Easton 以及警长在火车上重逢，会发生什么样的事情。

T: Suppose Miss Fairchild, Easton and the marshal met again on a train after 10 years, what would happen? What would they look like? What would they say? And what would they do? Write a short passage using a detailed description.

要做好续写，学生必须保持续写内容与原作主题上的一致性和延续性，而在前面阅读文本时教师已经针对"人性的善良和温情"这一主题引导学生做了深度的意义探究。同时，原作中用于细致描写的语言在教师引导学生分析人物性格时也有多次复现。有了这些准备，学生在课后完成的续写习作中自然表现出对主题的把握，以及细致描述人物或环境的能力。下面展示一位学生的习作[①]。

Miss Fairchild, whose appearance didn't change much during the ten years, boarded the train at Leavenworth. As she passed down the aisle of the coach, she found a vacant seat, a reversed one facing two men, one of handsome presence with a bold, frank countenance and manner and the other a ruffled, glum-faced person, heavily built and roughly dressed.

She took the seat and then stared at the younger man, with her face turning white for a moment.

The man recognized her all at once, "Well, Miss Fairchild. Haven't seen you for ages!"

"Oh, it's Mr. Easton. Yeah, it's about ten years." She seemed to struggle with a

---

① 学生习作未做改动

slight embarrassment and couldn't help looking at his right hand.

"Hello, Miss Fairchild. A lot of things happened during these years. You see, Mr. Easton is my colleague now and…" said the glum-faced man, who had been watching the woman's countenance with veiled glances from his keen, shrewd eyes.

"So, Mr. Easton was a fake marshal ten years ago, and now he is a real one?" Miss Fairchild interrupted him, with a lovely smile brightening her countenance.

The glum-faced man didn't say a word. He just smiled.

"It's unbelievable that you saved this man," Miss Fairchild murmured to herself. "Unbelievable."

这篇习作中，学生在对短篇小说 *Hearts and Hands* "人性中的善良和温情"这一主题深刻理解的基础上，对主题进行了升华——有时候人们一个善意的举动会改变一个人的一生。警长善意的掩护保护了罪犯在朋友面前的尊严，十年之后，三个人再次相遇，曾经的罪犯 Easton 成为一名真正的警长。学生在结尾用 Fairchild 小姐的感慨 "It's unbelievable that you saved this man," Miss Fairchild murmured to herself. "Unbelievable." 来点题。围绕主题，学生在人物塑造和语言风格等方面都延续了 *Hearts and Hands* 的特色。在塑造人物形象方面，学生从外貌、表情、语言、动作等多角度进行刻画，如 one of handsome presence with a bold, frank countenance and manner and the other a ruffled, glum-faced person, heavily built and roughly dressed / couldn't help looking at his right hand / didn't say a word… just smiled 等。特别是在用面部微表情的变化来刻画人物、体现人物性格方面，学生的表现令人欣喜，如描写 Fairchild 小姐认出她的老朋友 Easton 的时候，学生用 her face turning white for a moment 来突显她的心理活动。在语言运用方面，学生进行了积极的信息加工和意义建构，创造性地使用了作品中描写罪犯的 struggle with a slight embarrassment 来描写 Fairchild 小姐看向朋友右手时的表情；用 with a lovely smile brightening her countenance 来描写当她得知 Easton 成为真正警长时的表情变化。从学生的习作中可以看出，续写任务让学生打开思路，发挥想象，构思新颖、有创意的情节，塑造鲜活灵动的人物，赋予故事新的生命。

三、教学效果与反思

（一）根据文体特征加工转化教学内容，促进学生对主题意义的深度探究

对主题意义的探究是英语阅读教学的核心任务。阅读教学应在理解语篇意义的基础上探究主题意义，深入挖掘文本背后的思想内涵和文化价值（张琳琳，2019）。学生对主题意义的探究不是"自发"的过程，而是依赖于教师对教学内容以及学生学习过程的精心设计。在教学的准备阶段，教师要对教学内容进行全面分析、深入挖掘、灵活处理，使教学内容结构化、逻辑化，变成蕴含教学意图、有内在结构的教学材料，促进学生与文本的深度互动。教师设计的教学材料应该有两个特点：第一，含有教师的教学意图，不只是知识的载体，更是思维方式、情感态度价值观的凝结，体现教学目的，预设特定的学习活动的展开方式；第二，是按"序"展开的学生活动的操作对象，因而并不是静态的对象，而是伴随着学生主体活动展开的、动态变化的内容及其活动（郭华，2018）。英语经典短篇小说具有娱乐性、思想性、文学性、拓展性和可操作性等特点，在情节构思、写作伏笔、人物性格刻画、

矛盾冲突等方面都独具匠心，耐人寻味（徐菲，2021），为教学设计提供了很大的分析、挖掘和改造空间。此外，相比于整本书或长篇小说，短篇小说篇幅短小、情节紧凑、人物集中，也便于教师对文本进行加工。改造、加工短篇小说时，教师需要在充分了解作者及其写作特点，以及作品的创作背景的基础上，根据文本的特点，使用设置悬念、隐去标题、分步呈现、文段或句子挖空等方法，把教学内容转化为学生能够进行思维操作和加工的学习对象，引导学生一步步主动地去发现知识，建构知识的意义，与文本进行深度互动，从而深入探究主题意义，形成对文本的深度理解。

（二）设定多层级及递进式育人目标，关注高阶思维能力培养

英语短篇小说的教学价值是多元、多维的，教师对教学目标的设计要依据这些价值，根据中学生认知发展的需要，设计促进学生多元思维发展的递进式育人目标。针对本课的教学目标，教师设计了四个层级。第一层级是"认读和记忆"，包括清除词汇障碍，理解小说的叙事内容，在表层理解的基础上复述、再现故事梗概等。第二层级是"探索和发现"，包括主动追问人物的行为动机、作者的创作意图，并结合文本内容分析得出自己的结论等。探索和发现是以问题为媒介的，归根结底是培养学生积极思考、主动探究的能力，使学生不满足于知晓人物做了什么、作者写了什么，而对人物为什么这么做、作者因何要这样写等问题产生好奇心和求知欲。伴随着问题探究与解决，学生的分析与综合、推理与判断等高阶思维得到了发展和提升。第三层级是"鉴赏与评价"，即对人物行为和作者创作的是非对错、优劣得失做出评判，涉及思想内容、价值观念、写作手法等多个方面。第四层级是"关联与拓展"，也就是学生能够把前述各项的学习所得与

自身的语言学习、读写实践和道德实践结合起来，在关联、比较之中丰富原有的认知系统，并将其有意识地运用到学习、生活的方方面面，也就是实现所谓的学习迁移、学以致用、知行合一等。

（三）设计关键问题链和任务链，为实现学习目标搭建学习支架

英语学科的教学内容不仅包含阅读材料本身，还包含教师基于对阅读材料的分析和理解以及特定的教学目标为学生设计的阅读与鉴赏、梳理与探究、表达与交流等各种类型的语言实践活动。学生只有在积极的语用活动中才能真正有效地学语言、用语言。要想组织、实施各种类型的语言实践活动，就离不开问题和任务等学习支架，它们吸引学生注意并驱动整个学习过程。短篇小说的问题和任务设计，需要以文本的主题意义为引领，在故事情节构思、人物形象分析、环境描写作用和主题深度理解等维度，寻找文本分析的重难点和学生阅读理解的瓶颈问题与关键问题，逐步引导学生探索和发现、鉴赏与评价、关联与拓展。教师在设计任务时需要提供可视化学习工具等学习支架。可视化学习工具可以把抽象思维进行具体化，把知识逻辑结构进行图像化，对学生完成任务起到促进作用。此外，教师还要注意问题和任务之间的逻辑关系。这种逻辑关系以及最终形成的排列组合不是依据教师"教"和"评"的便利，而是根据学生"学"与"思"的内在逻辑，按照识记、理解、运用、分析、综合和评价的认知发展过程来制定。这就需要教师在组织问题和任务的过程中，调整心理站位，多站在学生学习的角度想问题。

扫码获取
教学设计 5

第五节　时文精读教学策略

学术阅读——高中时文阅读教学案例

北京市第二中学　王海培　向瑞方

一、时文内容简介与分析

　　与虚构类文学作品不同，时文阅读语篇内容上以非虚构的科普类话题为主，涵盖自然、科技、人文等主题语境，体裁以说明文、议论文为主。语篇结构逻辑严谨，语言特征显著区别于其他文本，多使用专业性强的词汇和较为复杂的长难句。时文既体现了语言的原汁原味，也从阅读理解的难度上接近甚至超越了高考中难度最高的阅读CD篇，因此常被选用为选拔性考试中的难篇阅读语料。

　　本案例是北京市第二中学分级阅读课程的最高级别"学术阅读课程"的一个典型课例。"学术阅读课程"的主要目标是帮助学生培养学术阅读能力，应对高考难篇阅读的挑战和适应今后大学研究生活必须经历的文献阅读。本课程主要采用时文报刊上的原文语篇，教学对象为达到高中英语学业水平三的高中学生。每周用1~2课时进行课堂教学。

　　本案例选取的文章来自月刊杂志《高中英语外刊阅读语篇精选》（《上海学生英文报》增刊，2021年2月），系2020年12月12日 *New Scientist* 上发表的文章，探讨了地质学家这一职业的重要性，主题是"科学与技术"，文体为说明文与议论文相结合。语篇逻辑上，作者通过层层推进的方式对自己的观点进行充分论证，运用 but， thus，also，given that 等引出主要观点和论据。语言风格较为正式，涉及流行病学和地质学领域的术语及专业词汇，例如 vaccinologists，shell-forming，multidisciplinary 等，将地质学和因疫情受到高度重视的流行病学进行比较。长难句如 Scientists clearly have a pivotal role to play in the understanding and influencing of policies that aim to mitigate its impacts — no group of them more so than that of geologists. 使用了倒装句式强调作者观点。该文章对学生地理环境方面的背景知识、语言理解能力以及深度思考和推理能力都有较高的要求。文章所传递出的认知如"地质学家和流行病学家一样重要""地质学与气候问题密切相关"，和作者主张的"全球可持续性发展"的理念，开阔了学生的见识，启发学生对"人类命运共同体"进行反思。

本文共 501 词，与高考 CD 篇长度基本一致。为排除阅读障碍附有术语词库，杂志编辑还将行文中影响中学生理解的非课标词汇标注了释义，用下划线提示学生体现作者观点的长难句。排版形式上，与学生熟悉的阅读语篇不同的是标题 Geology for the future 字号很大，下面用一句话总结了作者的主要观点，并附了一张地壳截面图，以体现本文"地理科学"的主题语境特征。

二、教学策略

（一）根据时文文本教学价值，设计教学目标

结合上述对本案例时文文本的分析，可以发现该文本在主题意义、语篇说理逻辑、语言风格等角度都具有教学价值。因此本案例教学目标设计为：

1）能借助文本特征如标题、排版风格、配图以及段落大意推断主

题内容（本例中，标题即文章主题意义）；

2）能通过绘制思维导图，梳理出作者建构文本意义的思路和依据，分析作者是如何说服读者接受自己的主张的；

3）能通过写概要和反思，内化语言，并联系文本和自身生活发表看法（新的理解或收获）。

本案例共分为 2 个课时，以下为分课时目标。

课时 1

1）能通过构词法和长难句的学习准确理解文本；

2）能借助时文文本特征预测主题意义；

3）能通过段意梳理确定作者的观点和论据；

4）能通过衔接关联信号词的作用厘清作者的写作意图。

课时 2

1）能绘制体现作者论说逻辑的思维导图，准确梳理出作者观点及论证过程，并据此进行口头复述；

2）能依据文本内容分析并评价作者的主张是否合理；

3）能联系自身，反思和评价作者观点对自己的影响。

（二）关注时文文本语言特征，聚焦重点语言知识的策略教学

本案例语篇对于学生而言难点是词汇掌握和长难句理解。为降低阅读难度，教师在学案中提供了词汇学习指导，帮助学生掌握"构词法"和"结合上下文推测词义"两个策略。对于长难句的解读，教师则组织学生结合作者观点展开讨论，指导学生了解倒装句的表意功能。

1. 词汇学案

（1）构词法

geology	virologist	epidemiologist	vaccinologist
geologist	virology	epidemiology	
geoscience			

（2）结合上下文推测词义

inoculation	Vaccinologists have sought to create **inoculations** to help tackle the Covid-19 pandemic, and have succeeded.
mitigate	Geology has improved our understanding of global warming and hopefully will help us to **mitigate** it.
underpin	There is an irony to that, given that geologists' work also **underpins** the locating and exploitation of climate-heating fossil fuels.
multidisciplinary	Students of geology should be made aware of the broader contributions their **multidisciplinary** skill set can make to global well-being.

2. 讨论和翻译长难句

● Scientists clearly have a pivotal role to play in the understanding and influencing of policies that aim to mitigate its impacts — no group of them more so than that of geologists.

● Numerous complex physical and chemical links and feedback loops exist between Earth's surface and subsurface rocks, its atmosphere, oceans and ice caps and the existing life forms that can be found in all of these different places.

（三）聚焦文本主题意义的探究，设计分层递进的学习活动

时文阅读教学过程也可以使用"学习理解—应用实践—迁移创新"学习活动观螺旋上升的教学方式。在"学习理解"阶段，学生通过第一遍粗读，获取标题、语篇结构特征等表层信息，迅速判断文本的主题内容；再次细读时通过将阅读思维外显的思维导图进一步提炼文本的重要观点、事实和证据，形成完整的主题理解脉络。在"应用实践"时，教师引导学生以作者视角重新审视文本，回顾作者的写作逻辑，分析如何建构意义，理解写作目的。在"迁移创新"阶段，学生主要建构文本和自身生活的联结，通过书面表达分享阅读体会、发表评论等。通过贯穿学习活动观的阅读理解和阅读表达活动，学生深入理解时文语篇，在主题探究的语境下发展学术阅读的理解和表达能力，收获新的知识和思想。

围绕本案例对重新认知地质学重要意义的建构过程，笔者安排了如下四个进阶性的学习活动。

活动 1

建构对文本表层意义的理解。

利用文本表层信息进行预测能有效激发学生的阅读兴趣，产生一探究竟的欲望。学生通过对文章标题、副标题和图片或引言的初步印象判断和预测文本的主题内容，并通过整体阅读以及对重点语言和语篇知识的学习建构起完整准确的文本理解。

以下为活动 1 的教学步骤。

Step 1: 读文章题目"Geology for the future"，并结合副标题及插图，对文章内容进行预测。

Step 2: 第一遍整体阅读，总结语篇大意 Geology should be central

to the public's consciousness。

Step 3: 将各段核心内容标注出来，关注连词 but，thus，also 等在行文中的作用，并结合文章题目体会各部分的写作目的。

活动 2

利用思维外显的导图，梳理文本逻辑，建构语篇知识，体现文本的结构和意义逻辑。

时文教学的重点和难点是通过阅读准确梳理和提炼作者的观点和表达逻辑。思维导图是非常合适的体现个性化阅读理解的手段。

在完成整体阅读理解后，请学生重读文本，通过绘制思维导图梳理语篇逻辑，作为下一步建构结构化知识的基础。（如果课堂时间不足，可以将思维导图任务留作课后作业。）

在教师课堂指导的帮助下，学生作品（见图 3.19）对作者的主要观点和说理逻辑做了简明突出的标示，非常清晰地体现出学生对语篇的准确和全面的把握。本学生作品的有效性来自教师教学引导的有效性。

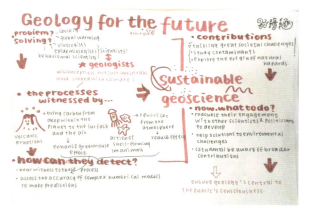

图 3.19 学生作品

活动3

通过指向高阶思维的问题链引导学生分析作者观点的论说过程和写作逻辑，探究语篇论证的合理性。

在完成了整体阅读理解之后，教师引导学生进一步探讨作者是如何成功地建构说理逻辑的。这个环节促使学生换位到作者的视角学习如何建构语篇意义，学习议论文写作增强说服力的方法和技巧，进一步帮助学生培养深度学习语篇的意识和能力，而不仅仅停留在对表层信息的理解上。

结合本案例文本，教师设计了以下几个关键问题以回顾和梳理文本中的"论据"：

1）What do geologists do?

2）Why is geology so important? How does the author prove it?

为方便梳理，教师制作了以下表格（见表3.8）。

表 3.8　论据梳理表

The Significance of Geology / Geologists	☆ Pandemics come and go. But what of global warming? Scientists clearly have a pivotal role to play in the understanding and influencing of policies that aim to mitigate its impacts — no group of them more so than that of geologists.
The Application of Geology	☆ Geological processes and climate are inextricably linked. ☆ The rocks and fossils in geological record bear witness to these processes. ☆ The geological record can also be used to assess the accuracy of complex numerical models used to make predictions about what the climate will look like in the future and its impact on Earth's habitability. ☆ Our discipline needs to fully embrace the concept of "sustainable geoscience".

学生接受了作者层层递进的关于地质学的重要意义以及对未来人类存亡起到的关键作用的论证之后，自然而然得出作者的结论。

3）What conclusion does the author draw at the end of the article?

Geology will play a central role in the sustainable development of the Earth.

活动 4

围绕主题内容，联系真实生活，发表学习体会，进行反思和评论。

这个环节通过课下的读写作业完成。下图（见图 3.20）呈现了学生课下时文阅读作业的三个环节：词汇、概要和反思。在反思部分，教师给出框架性的指导建议如 By reading this article, I learned that... 引导学生反思自己通过时文阅读和学习是否增长了新的知识、认识或者对现实生活问题产生了关注，甚至发生了观念或行为上的改变。

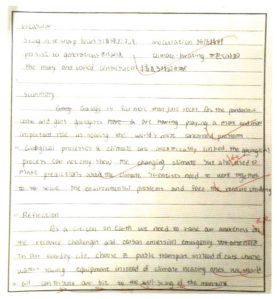

图 3.20 学生作品

该生在文本提供的专业词汇表的基础上积累了自己认为可以借鉴

到其他学习活动（如写作）中的短语，体现了很强的自主学习意识。概要部分用三句话准确表达了文本的主要意义。反思环节表达了自己应该采取乘坐公共交通工具、选择节水设施等行动为人类福祉做贡献，可见该生对作者提及的气候和环境恶化问题产生了深刻的认同感和紧迫感。以上三个环节都体现了学生基于文本主题和语言学习的语言能力增长和思维发展。

以下围绕反思环节不同水平学生的表现简要分析学生通过本次时文阅读新增的认知以及发生的思想变化。

S1: By reading this article, I learned more about the role of geology and had a deeper understanding of this subject. Through geology, we can better learn about the Earth we live in and solve more challenges about Earth change.

该生理解了作者重点解释的地质学的用途和意义，增长了见识，但显然其语言理解和表达能力比较基础。

S2: They must build "sustainable geoscience" to tackle challenges. Besides, geologists also need to work with other scientists so that they can make broader contributions.

该生抓住了作者的关键主张，巧妙运用文本中的关键词汇 sustainable geoscience 描述作者的主张。

S3: This passage corrects our misunderstandings of geology. As a student learning geography now, I understand this subject in a brand new way and recognize its importance. Geology deeply affects our lives today and calls for the devotion of numerous scientists. Hope geology can get rid of those misunderstandings and have a better development in the future.

该生理解深刻，有新认识，有观点的改变。他认为文本的意义在于纠正了普通人对地质学的错误认识，期待该领域有更好的发展。

S4: Some scientists' job seems to be distant from our daily life, but scientists like geologists can truly make a big difference. They are studying rocks, but far more than just rocks. They can make their own efforts in dealing with global warming. Our world is a whole, and it needs different people to operate together.

该生对文本主题理解比较深刻，认为科学家的工作虽然离人们的生活遥远但是对人们的生活影响重大，得出推动构建"人类命运共同体"的深刻体会。

（四）关注时文议论文的写作规律，总结常用的说理和写作策略

在理解作者的写作意图后，教师继续引导学生再次回顾文本，反思作者使用了什么策略达成了说服读者的目的。

T：Do you think the argument of the author is persuasive? How does he try to persuade you?

这个问题引导学生站在作者的视角，观察他使用了哪些有效的说理和写作策略。

基于学生的发现，如使用事实信息（清楚准确的专业知识）、层层递进的语篇逻辑（地质学的用途及意义等），教师进一步补充了以下议论文经常使用的策略，完成说理和写作策略的总结提升。

‒ showing facts

∨ Paragraph 6: They show us that Earth's climate has changed continually since the planet formed **around 4.6 billion years ago**. This same record also shows that atmospheric $CO2$ is **currently at its highest**

level in at least the past 3 million years, and that the current pace of planetary warming is unprecedented in Earth's history.

– making comparisons

∨ Paragraph 2: This year has brought into sharp focus the importance of scientists to our everyday lives. **Vaccinologists** have sought to create inoculations to help tackle the Covid-19 pandemic, and have succeeded. **Virologists, epidemiologists and behavioral scientists** have directly informed government policies that have sought to control our movements in order to keep us safe.

∨ Paragraph 11: Geology is about far more than just rocks. By collectively reimagining geology through the prism of sustainability, we can ensure that **it is central to the public's consciousness**, to the same extent as **virology and epidemiology** were in 2020.

– giving examples

∨ Paragraph 9: The many and varied historical contributions that the field of geology has made in the tackling of some of our greatest societal challenges can be seen by looking at the United Nations Sustainable Development Goals. **To name just a couple of examples**, geologists study the origin, natural transportation and fate of contaminants like arsenic and lead, and they explore the origin of natural hazards such as landslides and earthquakes.

三、教学效果与反思

本案例体现了时文阅读教学的四个策略：根据时文文本教学价值，

设计教学目标；关注时文文本语言特征，聚焦重点语言知识的策略教学；聚焦文本主题意义的探究，设计分层递进的学习活动；关注时文议论文的写作规律，总结常用的说理和写作策略。

以上策略的形成基于详细的文本分析。教师充分挖掘时文文本的教学价值，设计促进学生高阶语言和思维发展的学习活动。教师基于时文文本的文体特点、语篇结构特征以及语言风格的独特性，设置了具有进阶层次的"学习理解""应用实践"和"迁移创新"学习活动，并针对学生可能存在的词汇障碍和策略难点，提供了学习支架。

在两个课时内，学生既完成了准确和深入理解语篇的目标，也扩展了相应的语言知识、写作技能和主题认识。从学生课堂参与及学生作品中可以看出，对于话题不熟悉、语言有一定难度的时文，教师要指导学生以语篇整体为基础来理解文本，从语篇知识的角度理解句子间和段落间的逻辑串联，换位作者视角理解作者的写作手法及写作逻辑。学生在精读学习该语篇后发生了以下显著变化：在语言方面，扩展了词汇知识，能够根据上下文进行难词词义推测，对于长难句的畏难情绪有所减少；在思维层面，增长了陌生领域的相关知识，打破了固有思维，开阔了视野。

在实际教学中，受限于课时或学生水平，教师可以根据实际情况侧重于个别策略的指导或某些活动环节的实施，最重要的仍是帮助学生打好"学习理解"的基础，在此基础上再进行高阶思维层面的深度学习，例如可以通过思维导图，或者引向作者观点态度的关键问题的探讨深入理解语篇逻辑和文本主题。

扫码获取
教学设计 6

第四章
英语分级阅读课程化自由泛读指导

随着基础教育英语课程改革的不断深化，阅读教学作为落实英语学科核心素养的关键环节，受到教育界的广泛关注。其中，基于教材以外的经典小说、青少年文学、科普等英语分级读物开展的自由泛读，对于中小学生养成必备的阅读品格和阅读能力发挥着积极的促进作用，逐渐成为国家阅读课程的必要补充。本章将结合案例，具体解析英语分级阅读课程化自由泛读的概念界定、教育价值和教师指导中的关键问题。

第一节　概述

相对于精读而言，泛读是一种"粗加工"的阅读状态，不过分纠结细节信息和语言知识，以获取主要信息或愉悦情感为主要目的，通常以"整进整出"为主要阅读方式，要求较大的阅读量和较快的阅读速度（Day，2013）。纯粹的自由自主阅读（Free Voluntary Reading，简称FVR）往往是因为想阅读而阅读，阅读者不需要写读书报告，也不用回答章节后的问题，更接近日常生活中真实的阅读状态。对于外语学习者而言，FVR有利于提升其他方面的语言技能，为跨越初学与流利阶段之间的鸿沟提供了最佳桥梁（Krashen，2004）。

一、自由泛读的概念界定与教育价值

在英语分级阅读课程化过程中，自由泛读是指学生在教师组织的共读书精读的基础上进行的自由自主阅读，阅读书目可以是班级共读书或个人自选书，通常以相对简单且有趣为主要选材原则。自由泛读

的主要目的是帮助学生爱上英语阅读,乐于阅读,养成良好的阅读习惯,增加阅读量,提升阅读速度与流畅度,改善阅读技能,而并非通过阅读来学习具体的语言知识。自由泛读通常有两种方式:一种是学生在教师的陪伴下按照自己的节奏进行集体泛读,例如全班共同开展的持续默读,提取主要信息并完成一定的阅读任务;另一种是学生课下自主进行的泛读,这种方式基本由学生依据兴趣爱好或学习需求自行选书,自我调控阅读过程,是更高阶的自由泛读。

英语分级阅读课程化旨在培养拥有广泛阅读兴趣和良好阅读行为的积极阅读者。自由泛读对于培养积极阅读者的四种核心能力,即喜欢阅读、合理使用阅读策略、阅读中主动进行意义建构、基于不同的题材和体裁进行广泛阅读(张金秀、徐国辉,2018),具有至关重要的意义。教师组织学生开展自由泛读并给予必要的指导,有利于在课程观上实现从阅读教学向阅读教育的转变,培养情感、认知、技能、行为同步发展的积极阅读者,真正发挥阅读的育人价值。

随着终身学习观的提出,阅读素养不仅仅包括学生在校期间的阅读能力,更是人在一生中接触各种阅读材料及其在与同伴的相互作用下建构的一种可增长的知识、技能和策略相结合的能力(王蔷,2016)。自由泛读有助于培养学生的阅读素养,引导学生从小喜爱阅读,积累丰富的阅读经验和多元的阅读策略,养成主动进行意义建构和广泛阅读的习惯。可见,自由泛读有助于学生提升学习外语的动机,养成良好的阅读习惯及阅读品格,逐渐成为积极的阅读者。

二、教师组织自由泛读的关键问题

在英语分级阅读课程化实践过程中,自由泛读存在着不少挑战。

由于课业压力等问题而导致的时间和精力投入不足，学生阅读量有限，面临着词汇匮乏或文化背景知识缺失等多重困难，使得自由泛读的愉悦感较低，阅读兴趣无法得到保障；学生长期养成的译读、指读、回读等阅读习惯不利于自由泛读，导致泛读速度慢，整体理解效果差，缺乏持续性动机，学生容易半途而废。这些问题也映射出教师在自由泛读教学实践中缺乏科学有效的管理与指导的现状（曹晓红，2017）。为了避免学生在自由泛读中出现囫囵吞枣式或过度精细化等阅读方式，从而引发阅读低效而无法坚持的局面，教师在分级阅读课程化过程中要在自由泛读的选材、阅读计划制定、阅读技巧指导、阅读兴趣提升、同伴参与评价等多方面做出整体规划和细致指导。

　　首先，教师要注意创设安全、舒适的阅读环境，指导学生合理选择泛读材料，并通过口头汇报、制作小报、表演、续写等多种形式开展读后分享，使学生爱上阅读，坚持阅读。其次，教师对于必读的泛读书目可以通过设计和使用导读手册的方式辅助学生完成自由泛读，随着泛读的深入，导读手册也可以逐渐从教师主导转变为学生参与设计并发挥主导作用。最后，自由并不等同于随意，为了更好地维持学生英语分级阅读中的自由泛读习惯，帮助他们在阅读中提高综合语言运用能力，教师不能放任学生完全"自由"地泛读，要通过开展读说或读写等表达性学习活动进行表现性评价，鼓励学生参与到评价中来，开展自我评价和同伴评价，在自主反思和同伴分享的活动中主动调整阅读方法和计划，逐渐发展为积极的终身阅读者，实现分级阅读的育人价值。

第二节 阅读环境创设

创设安全、舒适、愉悦且稳定的阅读环境，对于学生坚持自由泛读至关重要。阅读环境由外在的物理（硬）环境和内在的心理（软）环境共同构成。除了学校提供的阅读设施，教师可以在班级安排一个阅读角，铺上一块软软的地毯，摆上一个小书架或小书篓，放上几本有趣的英语书并定期更换，学生休息时可以随时阅读；有条件的情况下也可以建立班级图书馆，摆放读物供学生借阅。当然，更重要的是师生共同营造自主、投入、坚持、共享的环境氛围，通过合理选书、教师跟进、小组交流、读后分享等活动，充分发挥阅读促进倾听、回应、关联等社会交往性学习本质的作用，真正打造以阅读为重心的学习生活，构建专注阅读、彼此倾听、理解回应、生成意义的自由泛读环境。

一、指导选书策略

很多学生在参与英语分级阅读课程初期面临的最大困惑是如何选书，面对庞杂的书籍，不知道该读什么。由于英语作为外语的独特性，有些学生发现自己感兴趣的内容读不懂，而读得懂的书籍自己又不感兴趣，这种两难的处境往往导致相当一部分学生对自由泛读产生了畏难情绪，无法坚持下来。因此，教师在自由泛读活动正式开始之前，对学生进行选书策略的指导变得尤为重要。

在小学阶段，教师可以在开展自由泛读前组织一次特殊的持续默读起始课，介绍持续默读中选书和使用阅读记录单的方法。为了方便学生理解，教师可以给出如何选择合适书籍的说明，例如以下的小法宝。

> 小法宝：学习任何一种语言，阅读都是根本。阅读能力的提高，第一步同时也是最重要的一步，就是选择合适的阅读书籍。那么如何选择合适的书籍呢？英语作为母语的北美小学生是这样做的。
>
> 1）首先随意翻到你想读的那本书任何一页。
>
> 2）开始阅读。
>
> 3）每次你碰到一个生词时，就伸出一个手指。
>
> 4）当你读完整页书后，请数数伸出了几个手指。
>
> 判断这本书是否适合你的语言能力，有如下这样一个法则。
>
> ● 如果是0~1个手指，那么这本书太容易了。
>
> ● 如果是2~3个手指，那么这本书恰到好处，适合你阅读。
>
> ● 如果是4~5个手指，那么这本书现阶段对你来说有点难。

在中学阶段，教师可根据教学目标、学生阅读水平和心理特点，帮助学生选择和规划阶段性泛读书目。针对自由泛读起始阶段培养学生原版阅读习惯和信心的目标，教师可以推荐学生从 200 页左右的原版书入手，选择语言难度较低、主题贴合学生年龄特点的读物，特别是语言生动、寓意深刻的故事书，例如童话类书籍 *The Trumpet of the Swan*，*Charlie and the Chocolate Factory*，*The Miraculous Journey of Edward Tulane* 等；哲理类书籍 *Tuesdays with Morrie* 等；青少年成长主题类书籍 *Holes*，*Wonder*，*Flipped* 等。

进入中高级阶段后，教师则要有意识地鼓励学生选择不同写作视角、不同语言风格类型的书籍，帮助学生积累更加丰富的阅读体验，形成个人阅读偏好。学生可以尝试拓展更多的题材和体裁，例如科幻主题的 *I, Robot* 和 *The Martian* 等，人物传记 *Elon Musk* 等。能力较高的学生可以尝试阅读经典文学作品，如 *Jane Eyer*，*To Kill a Mocking Bird* 等。教师还可以搜集匹配教材话题的整本书资源，例如 *Anne Frank: The Diary of a Young Girl*，*Long Walk to Freedom: The Autobiography of Nelson Mandela* 等，精选部分章节，推荐学生进行自由泛读，并补充相关的人物和社会背景信息。

学生进行自选泛读时，可以先花 10 分钟开展持续默读，翻阅书本的封面、封底、简评等，形成对该书的初步印象，然后阅读至少 6 页的内容以确定阅读是否基本顺畅。学生不需要经常停下来查阅生词，而是关注该书能否引起自己探究后续情节的好奇心，以及能否帮助自己增长话题知识，如生动的语言知识、全新的文化信息等。只要不是明显读不进去，这本书就值得尝试泛读。

二、指导实施过程及自主规划

阅读习惯的养成需要循序渐进。教师在指导学生学习选书策略后，要及时跟进，组织和指导自由泛读的实施过程，鼓励和督促学生自主规划，以便帮助他们顺利适应自由泛读，坚持阅读，逐渐形成良好的阅读品格，提升阅读能力。

（一）指导自由泛读的实施，保障阅读习惯的养成

在小学阶段，教师对自由泛读实施过程的组织、指导和反馈尤为

重要，它是点燃学生阅读激情的重要因素之一。开始时，教师可通过具有趣味性的打卡计划督促学生积极参与，例如开展几期 21 天阅读计划，每一期内容由易到难。开展自由泛读初期，学生难免会遇到很多难题，但这为他们积累宝贵经验提供了机会，教师可以通过对学习过程的调查和分享，帮助学生找到解决办法，使他们能够克服困难而将自由泛读持续下去，养成良好的阅读习惯。

以六年级下学期期末阶段对自由泛读的一次调查为例，教师通过调查结果分析（见表 4.1）更深入地了解到学生对于泛读方式的看法。教师发现，学生最喜欢的自由泛读方式是每周的线上阅读课，但他们认为对英语学习最有帮助的是周末在家进行的持续默读及读后积累。经过进一步的沟通和追问，教师了解到学生喜欢线上课彼此分享所读的内容，获得同伴的倾听和帮助。当了解到一半以上的学生都认为个性化的持续默读和读后积累促进了英语学习时，越来越多的学生开始重视这种泛读方式。

表 4.1　自由泛读喜好方式的调查结果分析

第 2 题：在自由泛读活动中，你最喜欢的是 [单选题]

选项	小计	比例
老师和同学一起在课上学习	9	24.32%
每周三的线上阅读课	18	48.65%
每周末在家进行的持续默读，并进行读后积累	7	18.92%
其他 [详细]	3	8.11%
本题有效填写人次	37	

续表

第3题：在自由泛读活动中，对你英语学习最有帮助是［单选题］

选项	小计	比例
老师和同学一起在课上学习	8	21.62%
每周三的线上阅读课	8	21.62%
每周末在家进行的持续默读，并进行读后积累	20	54.05%
其他［详细］	1	2.7%
本题有效填写人次	37	

另外，教师通过调查结果分析（见图4.1）还了解到，生词量大、读不懂意思、缺少读后交流是学生在自由泛读中遇到的最主要的困难，这为教师后续提供有针对性的指导提供了方向。

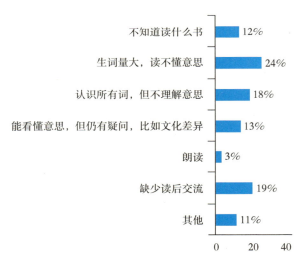

图 4.1　自由泛读存在困难的调查结果分析

通过调查结果分析（见表 4.2）了解了彼此在泛读中的收获后，学生更加坚信阅读的力量，坚定了英语分级阅读能够带来英语语言能力方方面面提升的信念，比如词汇量和知识的增长、对长难句理解的加强等等。显然，这样的分享有利于学生阅读习惯的养成。

表 4.2　自由泛读收获的调查结果分析

第 5 题：你在自由泛读过程中的收获是 [多选题]

选项	小计	比例
词汇量的增加	31	83.78%
对长难句理解的加强	23	62.16%
自然知识和人文知识的增长	26	70.27%
和朋友有更多交流话题	15	40.54%
口语上更加自信，爱表达了	15	40.54%
其他 [详细]	2	5.41%
本题有效填写人次	37	

进入中学阶段，学生的课业负担加重，要充分保证自由泛读的实施，教师需要合理设计活动并督促学生完成，例如制定阅读计划、完成导读手册任务和一定量的阅读笔记、定期进行阅读交流等。在培养阅读习惯阶段，教师要舍得拿出一定的课时，带领学生真正体会泛读，享受阅读体验。例如，利用一至两周，甚至更长的时间开展持续默读，让学生完全沉浸在基于一本书的专门阅读中，激发学生的阅读兴趣及动机，引导他们爱上泛读。

由于泛读书目所包含的读物在内容、风格和语言方面有所差异，教师选择的指导活动也要相应有所调整。对于学生自己能驾驭的读物，教师应尽量放手让学生进行自由自主泛读，重点抓自主阅读规划的落实。对于可能给学生带来阅读理解障碍的读物，以及思想内涵深刻的经典读物，教师则需要提供一定的支架，如必要的背景知识和语言支持，甚至需要带领学生一起分析故事情节、人物性格和主题意义，也可以通过同名影视作品帮助学生克服畏难情绪，完成自主阅读。

（二）指导学生自主规划自由泛读，提升英语学习能力

《普通高中英语课程标准（2017 年版 2020 年修订）》（中华人民共和国教育部，2020）指出，英语学习能力包括"保持对英语学习的兴趣，具有明确的学习目标，能够多渠道获取英语学习资源，有效规划学习时间和学习任务，选择恰当的策略与方法，监控、评价、反思和调整自己的学习内容和进程"。分级阅读往往用时长、挑战大，指导学生在一定时间周期内自主安排和实施阅读并完成相应的输出任务，有助于学生逐渐形成规划、监控和调整阅读进程、合理使用阅读策略的综合学习能力。尤其在高中阶段，培养学生自主阅读的学习能力是实施原版阅读教学的重要目标之一。学生在教师的示范、引导和督促下，自主制定并执行阅读规划是实现这一目标的关键手段。

阅读规划主要包括书目、每天的阅读量（章节或页码数量）和阅读用时等内容。教师通过定期收阅阅读笔记的方式，了解学生完成的阅读量和记录的阅读收获。起步阶段，教师规定好每天阅读的章节或页码数量，帮助学生适应"按规阅读"。例如，一本书共23章，如果要求学生8天读完，那么学生每天要完成3章的阅读量和相应的阅读笔记。一般经过两到三轮的阅读规划，学生就能较好地掌握自己的阅读进度，完成相应的阅读任务。教师便可以逐渐放手，减少干预，仅把握整本书的阅读总时长，学生自主调整具体的阅读规划。例如，中

长篇小说 *The Fault in Our Stars* 要求 14 天内完成，学生根据自己的阅读规划，弹性安排阅读时间和笔记内容，教师督促学生坚持执行阅读规划，避免流于形式。从学生的阅读规划笔记可见，学生每天自主安排的阅读量和选择记录的内容并不相同，但都体现出对自由泛读书籍进行内容概括和语言积累的意识，还表现了主动反思和质疑的能力。以下展示了一名学生的 14 天自主阅读规划笔记（见图 4.2）。

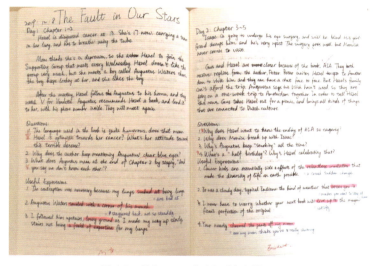

图 4.2　学生 14 天自主阅读规划笔记

　　学生养成泛读习惯后，教师则可以完全放手，由学生自主制定并调控阅读规划。但对于学生自主选择读本，教师需要采取一定的措施保障学生真正阅读以及进行有效的读后反馈。首先，阅读内容的选择可以通过教师建议的方式施加一定的限制，如教师推荐 5~8 本书，学生可自由选择其一。当然，有些热爱读书的学生可能想阅读自己的书，经过与教师的单独沟通，也应予以鼓励。教师可以列表记录学生自主选择的书目（见表 4.3），确保每个学生都有书可读。

表 4.3　学生寒假自主选择阅读书目记录表

书名（三周读书计划）1~5 难度递增	合作阅读者
The Miraculous Journey of Edward Tulane 一只玩具兔子的神奇之旅，映射人生（2）	Philip, JT
My Sister's Keeper 在两难境地艰难抉择（5）	Jenny Li, Tom Shi, Peter
The Book Thief 死神视角，战争背景，人的精神依托（4）	Terry, George, Michael 10, Peter, Strange, Michael, Philip
The Storied Life of A. J. Fikry 围绕书店发生的人间冷暖（4）	Jenny Li, Jack, Michael 10, George, Michael, Tom Shi, Amy, Susan, David, Owen
The Call of the Wild 动物主角视角，磨炼和成长，经典（5）	Terry, Strange, Amy, David, Owen, JT
Black Beauty 动物主角视角，人与动物的关系，经典（3）	Carmen, Susan
Battle Hymn of the Tiger Mother 关于家庭教育的思辨，通俗（4）	Jack, Carmen
自选：	
自选：	

　　其次，教师在学生完全自由泛读前要提出明确的阅读要求，或者与学生共同商讨相应的要求，包括规定完成时间，每日上交阅读计划，以读书汇报的形式接受评价（评价标准见表4.4）等等。值得注意的是，如果多名学生选读同一本书，教师需要安排（或者学生需要推举）小组长，由其负责阅读过程的监督和后期读书汇报的整合，这对于保障读后交流的顺利开展至关重要。

表 4.4　学生自由泛读读书汇报评价标准

目的：展示和分享阅读收获，推荐阅读书籍，体现英语综合实力。 汇报时长：3~15 分钟 / 一本书		
内容（10 分）	语言和表达（10 分）	形式（10 分）
准确、全面地汇报书本的主要内容，包括情节梳理、人物分析、主旨体会等。	有准备的发言（脱稿），吐字清晰，逻辑顺畅，语言准确。使用书本上的精彩语句。	按书本汇报；小组或个人汇报均可。小组表现成绩取均分。表达形式不限，以促进书本理解为主。

　　基本上每位学生都能按自定计划完成阅读，并按照评价标准的建议完成读后口、笔头汇报，且形式多样，内容丰富。例如，有的小组自编自演了精彩章节，有的呈现了自创的封面海报，还有的弹唱了同名电影插曲等。学生使尽浑身解数，向同学推荐喜欢的读物，体现了愉悦泛读（Read for Fun）的目标。

三、组织多元读后分享活动

　　自由泛读在自我愉悦的基础上，也可以借助读后分享活动成为一种互动性阅读方式。读后分享活动能够有效增加学生深度倾听、理解和回应的机会，教师要组织多元活动，鼓励学生交流和分享阅读感受。从读后活动的频率来看，学生可每天进行口头汇报，课下完成"3—2—1"语言积累；每周就所读内容写出三个有助于思考的问题；每本书读完之后，可以根据图书内容，开展小报制作、阅读圈、续写、图书推荐或表演等活动。上述活动对思维的要求越来越高，教师在实施过程中可依据学生的年龄特点、性格特征及认知水平进行调整，帮助学生在循序渐进的语言积累及主题思考中，逐步提升思维品质和阅读素养。

（一）口头汇报

　　每次持续默读后，教师都可以组织学生进行课堂口头汇报活动。活动初期，问题相对宏观，比如 Which is your favorite page? Read it with your partner. Why do you like it?。学生在讨论时通常是两两交流，他们可以翻看彼此书中的有趣的章节，阅读便利贴中的读后体会。之后，汇报的难度可稍有升级，教师随机抽取学号，被选中的学生从以下三个方面选择一项进行分享：What have you read today? What do you think of it? What impresses you most? 这三个问题分别侧重概括能力、分析能力和综合理解能力，可以帮助学生对所读内容进行概括，加深对文本的理解，提升交际能力。

　　口头汇报可依据 Think - Pair - Share 的活动顺序，学生先思考，然后和同伴交流，最后由教师随机抽选学号进行集体分享。口头汇报以主题内容的交流为主，重点在于分享阅读的感受。因此，当学生在汇报中出现语言错误时，教师不要轻易打断学生的发言，避免打断他们的思维，打击他们的积极性，可以在集体总结时反馈口头汇报中出现的明显语言错误，进行适当的纠正。

（二）"3—2—1"语言积累

　　在英语分级阅读自由泛读中，教师可以鼓励学生准备积累本，针对每周阅读的文本进行语言积累，具体包括 3 个生单词、2 个好句子和 1 条总结。根据学生的发展阶段及语言能力，单词可以从标注汉语释义到英语释义，句子可以增设改述等，总结的内容则可以是阅读文本的内容简介、个人感受、人物性格分析或是对后面内容的预测等。以下展示了一名学生的"3—2—1"语言积累作品（见图4.3）。

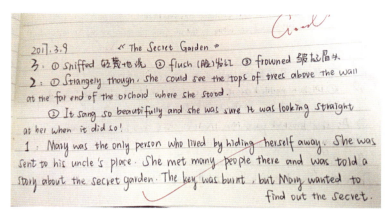

图 4.3　学生的"3—2—1"语言积累作品

　　在积累语言知识的同时，学生还需写出三个有趣且让人深思的问题，旨在提升归纳、评价及创新等高阶思维能力，每周进行随堂分享。教师可以把优秀学生作品以 PPT 的形式展示，或是将有意思的问题书写在黑板上，让学生在分享、讨论、解答问题的过程中，再一次深入理解文本，养成自由泛读中深度思考的习惯。

（三）制作英语小报

　　读完一本书后，教师在学生有一定语言水平的基础上，可以引导他们以英语小报的方式呈现对书本的理解。针对不同书目的不同特点，教师所提出的建议性问题均不相同，但共性是引发学生分析人物与事件，并提出自己的想法。这是一种促进学生多元思维发展的教学方式。多元思维的发展建立在信息提取和策略运用的基础上，是指学生在阅读过程中对作者观点、写作技巧等有个人的概述和评价，从不同方面进行比较和鉴赏，并使用文本中所获得的信息进行创新的思维活动（王蔷，2016）。以 *Twenty Thousand Leagues Under the Sea* 一书为例，教师设置了以下问题帮助学生完成英语小报：Who are the main characters?

What is the route of the Nautilus? Which plot impresses you most, and why? 问题既涉及对文本基本信息的理解和分析，也涉及对观点的表达。

英语小报活动不必要针对每本书都设计，大致可以一月组织一次。教师用一节课到两节课作为读后输出交流会时间，让学生分享彼此的作品。小报中随处可见学生智慧的闪光点，比如 *The Secret Garden* 一书，回答深度问题 Why at the end of the book did Mary say that it's the magic of this place? 时，有学生把秘密花园比作自然，认为自然可以包容一切，治愈一切：It is the nature, the environment that brings happiness and freedom to human. 也有学生将其比作人们的内心，秘密花园中播下的种子就是人们心中的希望：Opening the door means opening the heart. Planting flowers means planting the seed of hope in our heart. The garden becomes alive and their hearts become alive. 这样的分析让学生加深了对文本的理解，使英语阅读成为启迪智慧的"悦"读。

（四）阅读圈

文学作品的主题、价值观、创作意图等都直接或间接地体现在具体的文本中，教师要引导学生从不同角度深度挖掘文本，鼓励个性化的解读。在真正的阅读中，读者不仅要理解文本字面的意思，还要能够识别字里行间的言外之意。深度解读文本是读者带着个人的思维方式、经验积累、情感和价值取向对文本陈述的事实、表达的观点等表示接受、怀疑或反对的过程（单俍，2015）。为了实现深度解读，教师可以采取阅读圈的形式。

教学实践中，学生四人一组，每人承担一个角色，即 Word Finder（单词大师），Questioner（深层提问者），Connector（联系实际者），Story Mapper（故事概述者），任务分别是查找词汇，提出问题，联系实际和概述故事。学生完成各自的任务后进行小组讨论，相互改进，共同汇报。阅读圈活动作为读后涉及高阶思维的活动，可以与下面的续写和表演等活动交替进行。

（五）读后续写或改写

自由泛读后，教师可以组织学生对文本情节的后续发展进行预测，并将想法整理出来，完成续写或改写的任务。学生在续写或改写时要符合文本中人物的特点，延续事件发展的主要脉络，可以适当发挥想象力进行创编。这样的活动有助于学生发挥主动性，培养创造性思维。比如在读完 *The Secret Garden* 后，有学生对主人公长大后的生活进行了如下续写。

Ten years later, Mary became a botanist, Colin became a doctor and Dickon became a farmer. One day, Mary told Colin and Dickon pleasantly, "I found the truth of the Secret Garden's magic." "What is it?" Colin said. "The plants in the garden could produce oxygen which could make us stronger." Mary said. Dickon thought for a second and said, "I think it is not only the effect of oxygen, but also the effect of our mind." "Me, too." Colin said, "I felt this desolate garden became so beautiful and then I get a strong need to get better." Three friends smiled and they knew they found the magic of the secret garden.

（六）表演

表演活动具有强情景性和重实践性的特点，是戏剧艺术形式与教学的结合，能够通过交流促进英语教学效果，帮助学生从浅显感知上升到理性逻辑。在整本书阅读后，学生可以 5 到 8 人为一组，选择自己喜欢的章节，对其内容进行改编，加入更多对话并进行表演。表演中还可以适当利用道具，凸显人物的性格特点。

读完 *David Copperfield* 及 *The Secret Garden* 后，学生选取不同章节进行了精彩的表演。各组展示时，教师借用一定的评价维度和评价标准引导学生发现彼此的优势与不足，并提供有针对性的反馈与建议。比如在表演 *The Secret Garden* 中 Colin 能够站起来走路时，学生将教室当作花园，扮演园丁 Ben Weathstaff 的学生从教室侧面墙上的窗户探进头来，表演出了园丁赶人时的气势汹汹；除了肢体动作和道具使表演生动有趣之外，在语言上，学生也充满了创造力，他们不仅将 Mr. Colin 梦中的场景表演出来，还加入了 Ms. Colin 与 Mr. Colin 的对话，让观众体会到两人之间浓浓的爱意，也理解了 Mr. Colin 因失去爱人而锁上花园的原委。扮演园丁 Ben Weathstaff 的学生在表演后说道："When I was standing on the desk in the doorway outside the class, shouting at Mary through the window angrily, I felt like losing myself in the secret garden. Through performing this drama, I deeply understand the meaning of the book and am influenced by Mary's optimistic attitude towards life." 可见，通过表演，学生对人物的性格和情感都有了更加深入的理解。

（七）Book Talk

与传统的 Book Report（读书报告）及 Book Review（书评）等读后写作活动不同，Book Talk（书籍谈论）又名 Book Sell（书籍推销），像做图书广告一样，采用非正式、有趣且简短的方式口头分享并推荐阅读书目，旨在激起更多读者阅读该书的兴趣（徐国辉等，2020）。经过一个学期的持续默读，教师引导学生尝试以 Book Talk 的方式进行读书交流，深受学生的喜爱，以下是一名学生围绕经典童话 *Charlotte's Web* 编写的 Book Talk 分享稿。

Today, I'm going to recommend this book "Charlotte's Web" to you. This book was written by an American writer E. B. White. Now, look at the title, it's "Charlotte's Web", so the story is about Charlotte and her web. But who is Charlotte? It's a spider. We all know that a spider can spin a web. Have you ever seen any words on the spider web? It's not impossible. In the book, Charlotte did it. She wrote the words on the web, because she promised to save her best friend Wilbur's life. Who is Wilbur? Wilbur is a lovely pig. He will be killed by his owner before Christmas. The main character, Charlotte, the spider, I think she's selfless, kind and most importantly, clever! ... I think the friendship between Charlotte and Wilbur is true and moving. Nothing is more important than a true friendship. This book is not very easy and not very hard to us... Read the book, and you will find it by yourself.

该学生用简洁生动的语言介绍了书名、作者信息、主人公性格特征、故事主题（友谊）、语言难度，并运用了设问 Have you ever seen any words on the spider web? 等手段，引导听众联系自身生活经验，调动听众胃口。在活动准备与分享过程中，学生的阅读理解能力、写作能力、口头陈述能力、评价及反思能力均得到了提升和锻炼。

（八）赏析读物的同名影视作品

当代社会多媒体技术迅猛发展，对学生而言，仅通过英语阅读来获取其中的文化信息相对局限，改编自原版图书的影视作品则能通过视听效果有效补充文字中无法理解或不易察觉的社会文化背景信息。当然，教师应当注意，观看视频的目的并不是替代阅读过程，而是协助阅读理解，尤其是丰富学生的文化体验。因此，将相应视频材料引入课堂时，安排观看的时机很重要。

对于难度不大的通俗小说，如 *Flipped*，*Holes*，*The Martian* 等，可

以安排学生在课后观看电影。阅读给了学生足够的想象空间，电影进一步加深了学生的感悟和理解。对于人物关系或情节冲突比较复杂的故事，可以在导入课播放影视作品的节选片段，激发学生的阅读兴趣，提供必要的背景信息，以辅助后续的自由泛读。例如，利用讲述主人公 Auggie 的残缺面容带给他的某一个困境的电影片段，帮助学生理解小说 *Wonder* 主人公的成长阻碍。对于难度更大的经典文学类作品，如 *To Kill a Mocking Bird*，则可以安排学生在阅读中期观看全片。原作语言相对晦涩，而该电影的场景、配乐和演员精湛的表演体现了原著的文化内涵，学生可以从中直观感受到 20 世纪 30 年代美国南方种族隔离背景下的人生百态，从而减轻文化欠缺带来的阅读障碍，便于他们坚持后半部分的阅读或者加深对前半部分的理解。

第三节　导读手册的设计和使用

　　能够使用好的阅读策略是积极阅读者的核心特征之一。导读手册（Guided Learning Plan）是教师指导学生使用阅读策略的重要工具，能够帮助学生高效、自主地完成自由泛读，有效提高学生自主学习能力和教师课堂教学效率。

一、自由泛读导读手册的设计原则

　　导读手册是指教师依据阅读内容、学习者认知水平和知识经验等，将阅读内容、目标、要求和方法等有机融入阅读过程中，为指导学生自主阅读、合作探究、集体分享而设计的阅读方案（陆谊忠，2017；薛红春、张朝霞，2020）。教师可具体通过"引""读""练""测"等环节设计导读手册，指导学生熟悉并巩固阅读内容。其中，"引"主要包括背景知识、主题词汇或预测性问题；"读"以语篇结构、问题链、正误判断等方式促进阅读理解；"练"侧重读后活动如转述、续写、改写、写摘要以及制作语篇思维导图等；"测"分为读后回顾检测和小组成果展示（郗利芹，2012；刘晟男，2015；陆谊忠，2017）。

自由泛读涉及的语篇一般比较长，情节复杂，语言丰富，主题文化和思想内涵深刻多元。教师针对学生可能面对的阅读困难设计导读手册时，可以规划作品背景知识介绍、作者介绍、重点生词注释、重点语句解读、问题回答、主题探究等板块内容。导读手册的设计和运用要注意几个原则：1）降低阅读困难，激发学生阅读兴趣；2）渗透泛读策略，培养自主阅读能力；3）鼓励学生个性化的理解和表达，保护自主阅读的信心；4）增加讨论交流和展示活动，促进阅读理解，完善阅读体验。

二、小学阶段自由泛读导读手册的设计与使用

在小学阶段，教师可以通过前测发现学生在阅读策略方面的需求，并在此基础上设计进阶式阅读单，引导学生逐步掌握认知策略和元认知策略。初级阶段，教师可利用积累式阅读单（见表4.5），帮助学生掌握基本的阅读策略。对于初读绘本的学生，从封面可以获得哪些信息，如何快速牢记生词，读完绘本后可以谈论哪些内容等等策略，都可以

通过阅读单来渗透。从儿童心理学来看，10 岁左右是形象思维向抽象逻辑思维过渡的转折期。因此，在抄写新词时，教师可以指导学生以图画等具象化形式表达新词含义以提高效率。填写阅读感受时，主要从喜欢故事的原因及还有哪些疑问两个方面入手，帮助学生通过阅读后的思考和提问，对文本进行深入思考和表达真实情感。

表 4.5 积累式阅读单（初级）

时间	英文绘本名称	喜爱度 😊 😐 🙁	难易度 ☆☆☆	抄写（新词或好句）	感受（你觉得故事有趣的原因，你的疑问）

学生熟悉阅读单后，教师可根据第一轮反馈稍做调整，保留学生喜欢的图画积累新词板块。学生使用两轮阅读单后，对如何进行阅读积累有了初步的了解。之后，教师将阅读单升级为导读手册，内容更加丰富，增添了对泛读元认知策略的培养，强化学生的自我认同感，推动他们成为积极阅读者。

学生通过完成自我评估表（见表 4.6），理解了积极阅读者的定义，明确了自己在哪方面可以做得更好，从而促进了后续的自由泛读活动。这也证实了学习动机框架中的期待—价值模型：如果学生认为自己能够成功地完成阅读任务，并且认同阅读活动或任务的价值，他们的阅读表现、阅读投入以及阅读持续性都能够得到增强（Wigfield & Eccles，2000）。

表4.6　学生自我评估表

我们的阅读目标是成为积极阅读者。
积极阅读者有以下几个特点，如果你在英语阅读中能做到这些方面，请在表格中画"√"。

喜爱阅读	阅读中可以联系自身	使用好的阅读策略	广泛阅读

　　当然，这只是我们的开始，相信通过持之以恒的阅读，你的阅读能力会越来越强，你最终会成为积极阅读者的！

　　持续一段时间后，教师设计的导读手册可能无法满足学生积累信息的个性化需求，教师便可以将导读手册进阶为学生自主设计的阅读积累本。但是教师要注意定期总结学生的实际困难，并给予一定的反馈和统一指导。例如，当教师发现部分学生完成读后感受有困难时，就补充了这部分可以写的内容以及语言支架（见图4.4），供学生选择性参考。这样一来，学生利用阅读积累本开启了新的阅读之旅。

个性化的阅读积累本

Time	Title	3 New Words and 2 Beautiful Sentences	Your Feelings（你的读后感受，至少写出两个句子）

读后感受可以用到的句子：

1. I like the story because it is interesting. I can see _____. I feel _____. (对故事进行评价)
2. I like _____ （一个人物）best because I can see _____ in the book and I think _____. (对人物进行评价)
3. I don't agree with the idea because _____. (表达自己的观点)
4. I think following the story, they will _____. (对故事进行续写)

图4.4　对个性化阅读积累本中阅读感受的统一指导

随着学生年级的升高，阅读积累本的内容可以再次升级，除了保留之前的元认知策略、选书策略和阅读感受表达以外，还可以增加梳理故事情节的思维导图，鼓励学生用多样的方式呈现阅读中的思考（见图4.5）。

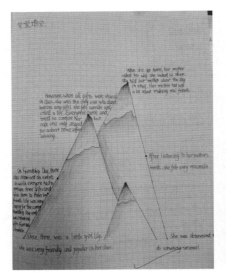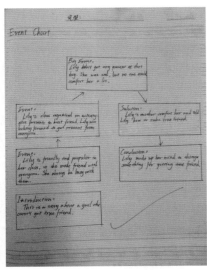

图 4.5　个性化阅读积累本中丰富多样的思维导图示例

三、中学阶段自由泛读导读手册的设计与使用

进入中学阶段，学生开始阅读容量更大的整本书，这些书一般包含多个章节，教师可以将具体的导学案汇编成导读手册，方便学生在自由泛读中使用，同时也可以作为过程性评价的重要依据。学生在英语自由泛读中可能遇到生词困难、背景陌生、文化差异、阅读理解障碍、阅读耐力和兴趣持续困难等等问题。教师在设计导读手册时应给予相应的指导，可以利用作品背景知识介绍、作者介绍、重点生词注释、

重点语句解读、关键文化现象解读、主旨问题理解、主题探究等板块内容，减轻泛读中语言及文化带来的困扰，帮助学生聚焦主题，顺利完成阅读，并结合阅读内容进行表达。

在设计自由泛读导读手册时，教师要根据学生阅读能力的进阶发展设计并调整阅读指导方案。初始阶段主要渗透泛读的有效策略，如通过书籍特征快速捕捉内容信息，学会使用文学阅读赏析方法，如情节发展图、人物分析策略、语言积累习惯等。在发展阶段，教师可精心编制包括作品背景信息、重点词汇库、关键问题和长难句解读及书评指导等在内的导读内容，保证学生课外阅读的质量。学生形成良好的泛读能力后，教师可采用粗线条的阅读指导方案，给学生留出更大的发挥空间，激发学生阅读和表达的兴趣，促进学生自主阅读的可持续发展。

对于母语学习者而言，泛读的本质是"没有困扰并有所收获的阅读（Reading Gain Without Reading Pain）"，它包括四个基本要素：材料易读；鼓励学生阅读自己喜爱的读物；鼓励学生反复阅读喜爱的读物；读懂大意即可（Day，2013）。但是在作为外语的英语教学环境下，如何从教师引导和干预逐渐过渡到学生真正自主阅读并有所收获，如何设计适合不同阅读材料的导读手册，始终是教师需要研究的问题。基于实践经验，无论哪种导读方案，教师的管理和指导都是保障学生坚持和顺利完成英语分级阅读的首要条件。虽然泛读主要在课外进行，但教师依然要尽可能在课堂上安排一些时间，带领学生开展持续默读，专门组织阅读指导和学生交流汇报，定期监督学生是否按规定完成导读手册内容。以下结合进阶式案例，介绍导读手册的具体设计和使用策略。

（一）基础简洁版导读手册——以 *Treasure Island* 为例

本导读手册共包括七个部分，首先请学生关注图书本身的信息（见图 4.6），如封面图片、作者以及封底的图书简介。这是引导学生进入泛读的第一步，以最快的速度获取图书的基本信息，激发阅读兴趣。

（十三） *Treasure Island*

by Robert Louis Stevenson

I. About this book: Read the brief introduction of the story on the back of the hard cover.

图 4.6　*Treasure Island* 导读手册第一部分基本信息

第二部分是阅读完整本书后，在教师的指导下填写故事发展的关键信息。情节发展山形图（见图 4.7）适用于大多数故事类作品的情节梳理。当然，具体应用过程中教师也要注意给学生留有自主的空间，允许学生对故事高潮等的理解存在一定的差异，这也是组织分享讨论的好时机。

II. Draw a mountain to show how the story develops.

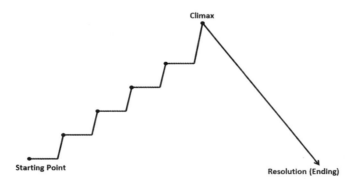

图 4.7　*Treasure Island* 导读手册第二部分情节发展山形图

　　第三、四部分则围绕关键人物展开。学生按自己偏好的方式绘制主要人物关系图，通过回读完成人物分析（见图 4.8），并给出原文依据。人物分析策略有利于学生在有目的的反复阅读中自觉形成抓住重点、评判有据的良好阅读习惯，保障自由泛读的效果。

III. Draw a character-relation map.

IV. Analyze the main characters by finding the proofs in the story.

Characters	Words to Describe Him / Her	Proofs

图 4.8　*Treasure Island* 导读手册第三、四部分人物分析

第五、六部分将学生的注意力引到语言学习上（见图 4.9）。任务五鼓励学生朗读或表演故事中的精彩片段，首次可由教师示范指导，学生在导读手册上记录自选文本片段的页码和位置，还可以简要说明赏析理由。任务六聚焦故事中突出使用的某类语言表达现象，如"环境描写""心理活动描写""动作描写"等，也可以是某类语法现象，如"情态动词用法""it 用法"等。需要注意的是，泛读中这类任务不宜过多，让学生感受到作品语言的精妙地道即可。

V. Read some excellent parts out loud, and act the story out in class.

VI. Language focus – find words and expressions concerning "_____".
_____
_____
_____
_____

图 4.9　*Treasure Island* 导读手册第五、六部分语言赏析

第七部分是读后感写作任务（见图 4.10）。教师如果能安排一定的课时指导学生以小组交流和讨论的形式在班级汇报导读手册前六项的任务，学生就能够获得更加充分的阅读体验，读后感的写作也就能够水到渠成。

VII. Write a book review of the story.
_____
_____
_____

图 4.10　*Treasure Island* 导读手册第七部分读后感写作

本案例充分利用了图书提供的基本信息，给学生搭建了从情节梳理、人物分析到语言赏析的基本阅读框架，包含的各项任务都比较基础，

适于迁移到情节相对简单的文学作品的泛读指导中。

（二）教师主导型导读手册——以原版小说 *Flipped* 为例

对于情节较为复杂、篇幅更长的原版小说，导读手册的设计则需要更细致的考量。按章节呈现的中长篇小说导读手册的主体部分也可以按章节组织安排。例如，原版小说 *Flipped* 导读手册共包括四个部分：作者介绍、分章节指导（包括重点词汇、章节内容情节类问题、长难句翻译或英语阐释）（见图 4.11）、整本书读后问题以及书评。

About Wendelin

Wendelin Van Draanen has written more than thirty novels for young readers and teens. She is the author of the 18-book Edgar-winning *Sammy Keyes* series – often called "The new Nancy Drew" – and wrote *Flipped*, which was named a Top 100 Children's Novel for the 21st Century by *School Library Journal* and became a Warner Brothers feature film, with Rob Reiner directing.

Her other standalone titles include *Wild Bird*, *The Secret Life of Lincoln Jones*, *Runaway*, *Confessions of a Serial Kisser*, *Swear to Howdy*, and *The Running Dream*, which was awarded American Library Association's Schneider Family Award for its "expression of the disability experience".

Van Draanen has also created two four-book series for younger readers. The *Shredderman* books feature a boy who deals with a bully and received the Christopher Award for "affirming the highest values of the human spirit", and was made into a Nickelodeon movie. The related *Gecko & Sticky* books, which are full of alluring alliteration that makes for rousing read-alouds, are perfect for reluctant readers.

A classroom teacher for fifteen years, Van Draanen resides in California where she can be spotted riding shopping carts across parking lots. She and her husband, Mark Parsons, have two sons and enjoy the three R's: Reading, Running, and Rock 'n' Roll.

Chapter 1 Diving Under

I. Vocabulary

shove v. (P1)	wind up (P3)	at recess (P7)
implication n. (P1)	sneak v. (P4)	corrupt v. (P8)
scoot over (P2)	curb n. (P6)	scrutinize v. (P8)
hint n. (P2)	charge v. (P6)	sly adj. (P10)
wink v. (P2)	chase v. (P7)	

II. Reading Comprehension

1. Whose point of view is this chapter written in?

2. Why didn't Bryce like Juli Baker?

3. Why did Bryce pretend to be in love with Shelly?

III. Translation

1. It is way better to dive down and get out of the way than it is to get clobbered by some parental tidal wave.

2. Mr. Mertins has got some kind of doctorate in seating arrangements or something, because he analyzed and scrutinized and practically baptized the seats we had to sit in.

图 4.11　*Flipped* 的作者介绍以及分章节指导

Flipped 的作者介绍部分精选了本书获奖情况、作者其他代表作品以及个人生活状况。学生通过作者简介快速、直观地了解到作者和小说的基本情况，对自由泛读充满期待。同时，这部分内容也为学生后

续的延伸阅读做好了铺垫，如果学生喜欢该作者的写作风格，还可以按介绍了解她的其他作品，继续阅读。

　　按章节安排的导读部分对学生细致阅读提出了较高要求。学生每天阅读一个章节。开始阅读前，学生可以先通读导读手册该章节部分提示的重点词汇和关键问题；阅读后，学生根据上下文猜测词汇意思，也可以查阅词典进一步确认，回答问题并对关键句进行翻译或英英释义。设计这类读写任务的目的是引导高中生关注词汇积累、学习提问以及精确理解关键句，为深度理解和创新表达奠定基础，提升英语综合能力。教师可根据完成情况（见图4.12）了解学生对小说整体的理解程度，给予反馈并组织相应的课堂指导。

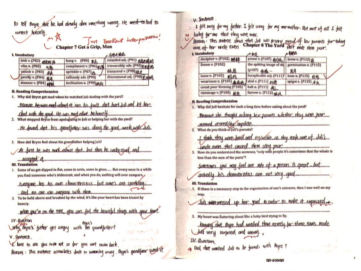

图 4.12　*Flipped* 导读手册章节部分学生作品示例

　　学生完成全书14个章节的阅读及导读手册中相应的内容后，结合教师针对整个故事提炼出的10个问题（见图4.13）进行读后探讨。学生可以分组，抽签或根据喜好选择想要探究的问题，小组经过回读、讨论后推荐代表在班内分享；学生也可以自选若干问题，进行书面回答。学生完成本项任务时往往需要回顾文本，整体通读小说，站在全局角度并联系自身经验，思考并分享对阅读主题的收获及感悟。同时，这些问题也为学生今后自主提问提供了范例。

Post-Reading Questions

1. Bryce's grandfather says about Juli, "Some of us get dipped in flat, some in satin, some in gloss... But every once in a while you find someone who's iridescent, and when you do, nothing will ever compare." What makes Juli iridescent?

2. Why do Bryce's and Juli's feelings for each other flip? Has your opinion about someone ever flipped?

3. Would you prefer to live in Bryce's family or Juli's family? Why?

4. When Juli and her dad talk about Bryce, her dad tells her to "start looking at the whole landscape". What do you think he means? Does Juli see the whole landscape?

5. Bryce keeps throwing out Juli's eggs because he doesn't want to tell her the Loskis don't want them. Do you think this was the right thing to do? What would you have done?

6. Juli tries hard to save the old sycamore tree because she loves it so much. Is there anything you would fight to save like Juli does?

7. Why has Juli not visited her Uncle David before?

8. Juli's brothers Matt and Mike say that they don't like "the whole robotron attitude of education. Confine, confute, conform." What do they mean?

9. Did you like it better when Bryce or Juli told the story? How did hearing from both points of view make you understand what was happening?

10. If the book continued, what do you think would happen to Bryce and Juli?

图 4.13 *Flipped* 导读手册读后讨论问题

最后，教师给定一些引导性问题，帮助学生完成书评写作。结合前期的读、写、说等任务，学生基本能够呈现出一篇逻辑合理、有理有据、个性鲜明的书评作品（见图 4.14），在抒发真情实感的同时也进行了一次综合的语言实践。

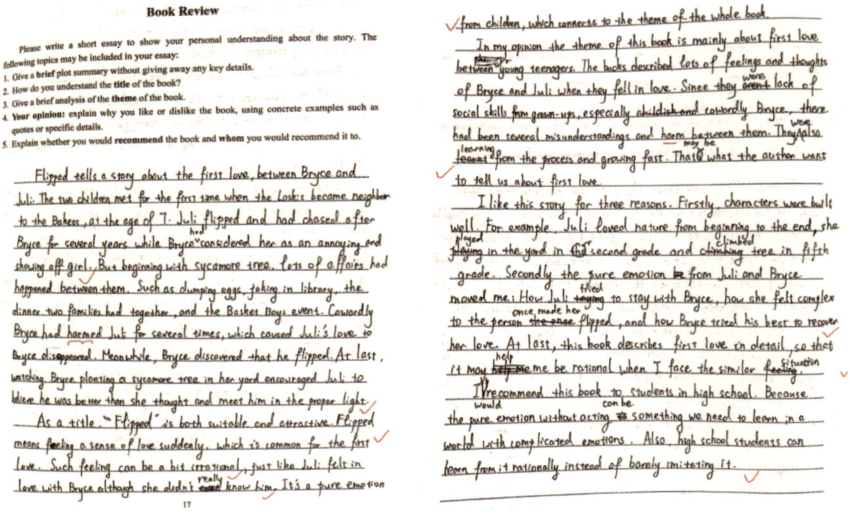

Book Review

Please write a short essay to show your personal understanding about the story. The following topics may be included in your essay:

1. Give a **brief** plot summary without giving away any key details.
2. How do you understand the **title** of the book?
3. Give a brief analysis of the **theme** of the book.
4. **Your opinion:** explain why you like or dislike the book, using concrete examples such as quotes or specific details.
5. Explain whether you would **recommend** the book and **whom** you would recommend it to.

Flipped tells a story about the first love, between Bryce and Juli. The two children met for the first time when the Loskis became neighbor to the Bakers, at the age of 7. Juli flipped and had chased after Bryce for several years while Bryce had considered her as an annoying and showing off girl. But beginning with sycamore tree, lots of affairs had happened between them. Such as dumping eggs, joking in library, the dinner two families had together, and the Basket Boys event. Cowardly Bryce had harmed Juli for several times, which caused Juli's love to Bryce disappeared. Meanwhile, Bryce discovered that he flipped. At last, watching Bryce planting a sycamore tree in her yard encouraged Juli to believe he was better than she thought and meet him in the proper light.

As a title, "Flipped" is both suitable and attractive. Flipped means feeling a sense of love suddenly, which is common for the first love. Such feeling can be a bit irrotional, just like Juli felt in love with Bryce although she didn't really know him. It's a pure emotion

17

from children, which connects to the theme of the whole book.

In my opinion the theme of this book is mainly about first love between young teenagers. The books described lots of feelings and thoughts of Bryce and Juli when they fell in love. Since they were lack of social skills from grown-ups, especially childish and cowardly Bryce, there had been several misunderstandings and harm between them. They were also learning from the process and growing fast. That may be what the author want to tell us about first love.

I like this story for three reasons. Firstly, characters were built well. For example, Juli loved nature from beginning to the end, she played in the yard in the second grade and climbed tree in fifth grade. Secondly the pure emotion from Juli and Bryce moved me: How Juli tried to stay with Bryce, how she felt complex to the person once made her flipped, and how Bryce tried his best to recover her love. At last, this book describes first love in detail, so that it may help me be rational when I face the similar situation.

I would recommend this book to students in high school. Because the pure emotion without acting can be something we need to learn in a world with complicated emotions. Also, high school students can learn from it rationally instead of barely imitating it.

图 4.14 *Flipped* 导读手册书评部分学生作品示例

Flipped 讲述了青春成长故事，贴近高中生的情感生活。教师将其选为长篇原版小说泛读的第一部作品，设计导读手册时希望给学生提供较高标准的示范，读写任务参考了精读的部分标准，控制性整体较强。学生在使用过程中反馈了一些问题，如写作任务略重，泛读中对部分问题的思考达不到教师期待的深度等。因此，教师在后期导读手册的设计和使用中做出了以下改进：1）适当减少读写任务，把每日或每章节的读写整合为阶段性读写，以保证学生阅读不被频繁的写作任务打断；2）减少教师布置的翻译或问答等，增加学生自主阅读反馈的空间，如自主提问或评论，词汇积累也依据个人基础进行灵活选择等；3）增加学生之间交流阅读收获的机会，如小组分享、课堂汇报等，让学生表达个性化观点，确保学生对自由泛读保持持续的信心和阅读兴趣。

（三）学生主导型导读手册——以原版小说 *Wonder* 为例

在学生基本掌握泛读策略并养成了原版书阅读的基本能力和习惯之后，导读手册的设计就可以越来越"粗糙"了。除了保留作者介绍之外，其他任务均可只保留框架性要求，给学生更多自由、自主阅读和学习的空间。例如，小说 *Wonder* 导读手册包括学生自己制作的人物关系图（见图 4.15），以每个主要人物的自述（如 Part One: August）为单位安排的阅读理解、语言积累以及笔记和反思等，学生自行决定在提示框架内填写的内容。

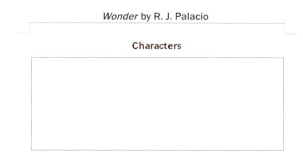

图 4.15 *Wonder* 导读手册人物关系图

Wonder 导读手册的第一页是"人物篇"，学生可快速翻阅整本小说，了解主要人物的名字及其身份。这样，学生在阅读中能够有意识地留意诸多人物之间的关系，并在读完整本书后完成人物关系图。

导读手册主体部分是对每个人物自述部分的阅读理解和语言积累（见图 4.16），教师可指导学生以阅读圈 Summarizer / Connector / Cultural Collector 等角色自由组合，完成表达。例如以下阅读理解部分学生作品（见图 4.17），除了对主要内容进行了概括以外，还分别对主人公和相关的文化进行了共情理解。这部分因阅读内容和学生关注点不同而有所不同，体现出了丰富的个性化理解，学生有感而发，凸显了自由泛读的自我教育价值。

图 4.16　*Wonder* 导读手册主体部分（阅读理解和语言积累）

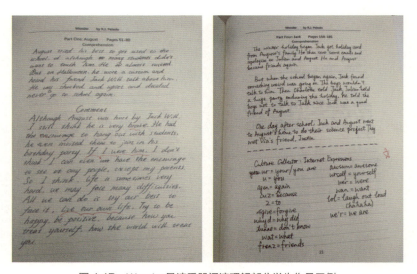

图 4.17　*Wonder* 导读手册阅读理解部分学生作品示例

在语言积累部分，学生自主选择需要积累的词汇和感悟深刻的语句。有些学生使用大写的方式记录下感触最深的句子，还在括号里描述了对这句话和相关人物的感受（见图4.18）。这部分虽然聚焦语言学习，但并不是孤立地学习语言知识，而是引导学生基于故事发展的重要线索，在语境中学习和体会语言，进而培养探究主题意义的意识和语言学习的习惯。

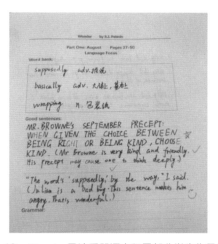

图4.18　*Wonder* 导读手册语言积累部分学生作品示例

　　最后，学生在笔记和反思部分随笔记录下泛读过程中的所思所想和疑问（见图4.19），这样有利于训练边读边记录、反思的阅读习惯。例如，有的学生梳理了当日阅读部分出现的人物关系，还有学生自发提出了问题，说明学生沉浸阅读，产生了与作者及人物进行沟通的欲望。教师可酌情选择共性问题在课堂组织讨论和指导，也可以将提问安排在阅读全部完成之后。随着阅读的推进，学生基本都能够解答阅读中提出的问题，学生在提出问题和找寻答案的阅读中始终保持着好奇心，这种内在的阅读动机正是自由泛读给学生的回报。

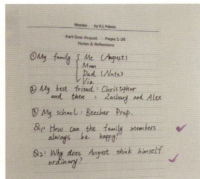

图4.19　*Wonder*导读手册笔记和反思部分学生作品示例

　　*Wonder*导读手册的最后还留有几张空白页面，方便学生完成读后续写、书评、创写等任务。例如，教师可以组织学生回顾阅读过程中记录的所有问题，自主筛选出10个好问题自问自答（见图4.20），调动学生思考和回读的兴趣。课堂上，学生小组进一步分享和讨论问题，加深对小说的理解。

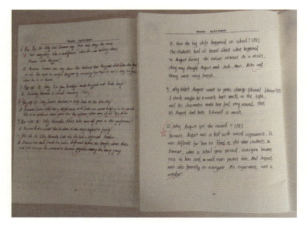

图4.20　*Wonder*导读手册自主提问部分学生作品示例

　　*Wonder*导读手册的导读、导学效果十分突出，学生在粗线条的导

读提示下自发、自主地完成了人物分析、情节梳理、主题探究以及语言积累。可见，在前两轮泛读导读训练下，学生熟悉了主要的阅读策略和读写任务，具备了原版书阅读的基本能力，在此基础上教师大胆放手，给学生充足空间自由、自主、自信地进行阅读表达，激发了学生的阅读兴趣和探究欲望。同时，融于导读框架的教师示范也起到了关键作用，能够引导学生通过自主提问及自问自答，聚焦文本的主题、文化和语言现象。*Wonder* 导读手册看上去就像一个空白笔记本，但学生阅读中填写的内容却丰富多彩，达到了泛读导读手册促进学生自主学习和自主阅读能力发展的设计与使用目标。

第四节　自由泛读的评价

随着课程改革的深化，教学评价改革也势在必行。教师在英语分级阅读课程化过程中要注重转变评价观念，在自由泛读中尤其要尊重学生阅读能力和阅读兴趣的差异，更加关注学生的阅读过程（张金秀、徐国辉，2018），采用过程性评价、表现性评价和终结性评价相结合的多元评价方式，实现培育积极阅读者的目标。在自由泛读过程中，教师可以利用阅读笔记和读书报告等关注学生的阅读情况和给予及时的反馈，并结合具体、详细的评价标准通过组内、班内以及班级间的各种展示平台，鼓励学生以读说结合、读演结合、读写结合等方式与他人充分交流阅读收获，激发内在的阅读兴趣，增强积极的阅读体验。

一、过程性评价

为了保障学生自由泛读的顺利开展，教师要根据学生认知发展、语言能力等方面的实际情况和需求差异，灵活利用多种形式的过程性评价，促进学生生发阅读兴趣，养成阅读习惯，调动阅读动机。

基于小学生喜欢分享、展示的特点，小学阶段教师要坚持利用课上及课下的时间进行静态或动态阅读成果的展示，做到"有读必展"。静态成果展示一般是书面作品展；动态成果展示包括学生分小组表演书中的内容或朗读绘本。展示范围可以从班级到年级甚至全校，通常分为两轮。以自制绘本的静态成果展示为例，第一轮为班内分享，学生两人一组阅读同伴的绘本，写出一个亮点和一个建议（One Star and One Wish）。待学生修改作品后，教师挑选出优秀作品进行第二轮年级或校级展示，其他学生为喜欢的作品贴上大拇指贴纸和写下读者留言（见图4.21）。教师统计大拇指贴纸数目并为优胜者颁奖，鼓励学生就留言做进一步的讨论。学生在轻松的氛围中进行思考与创造，感受着分享的快乐，使自由泛读成为悦读之旅。

图 4.21　小学生自由泛读过程性评价

进入中学阶段的原版书泛读后，教师可以利用阅读笔记开展过程性评价，组织中期交流讨论等。阅读笔记主要围绕阅读内容梗概、问题、反思评价、优美语言积累等内容，可以体现出个性化特点。阅读笔记是阅读交流的重要载体，目的是督促学生记录和积累阅读的收获和体验。教师要对笔记的内容和项目进行一定的指导，例如，引导学生通过写梗概、提问、反思、联系自我评述等主动与文本和作者进行交流；通过积累和解析优美语言学习和使用地道的英语。

　　由于学生的个体差异，阅读笔记也体现出丰富的个性化学习效果（见图 4.22）。师生评价笔记时要以其是否体现了学生的阅读理解和收获为主。例如，梗概能否提炼出关键人物和事件？语言积累是地道表达而不局限于生难怪词吗？学生阅读过程中自发的提问和评价则可以作为讨论交流的重要素材，教师尤其要大力鼓励学生提出体现高阶思维水平的问题并进行探究。学生之间分享阅读笔记，利用阅读圈等活动汇报交流及互相评价，有助于班级内形成潜心阅读、互相学习的良好氛围。

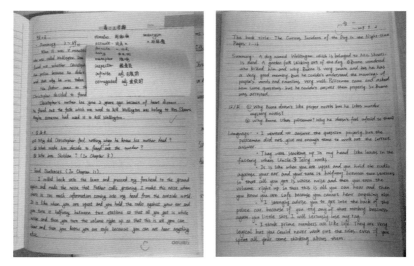

图 4.22　原版小说阅读笔记示例

　　当学生对书籍的阅读理解达到较好的程度时，教师可以引导学生写读书报告或书评（见图 4.23），锻炼学生梳理、概括、分析、评判及创造性表达的能力。教师可以对读书报告的构成给出框架性指导建议，具体写作细节则由学生自主安排。前期充分的读写、读说练习降低了这种综合性写作任务的难度，学生有话可写，言之有物，能够有效锻炼英语思考和写作能力，促进英语思维的发展。

Book Review

Please write a short essay to show your personal understanding about the story. The following topics may be included in your essay:

1. Give a **brief** plot summary without giving away any key details.
2. How do you understand the **title** of the book?
3. Give a brief analysis of the **theme** of the book.
4. **Your opinion**: explain why you like or dislike the book, using concrete examples such as quotes or specific details.
5. Explain whether you would **recommend** the book and **whom** you would recommend it to.

_____

_____

_____

_____

图 4.23　原版小说读书报告示例

二、表现性评价

对学生阅读能力的评价要突破以往只重视阅读理解能力而忽视阅读表达能力的误区，重视评价读后综合活动，鼓励学生进行基于意义建构的个性化表达（张金秀，2018b），才能够更好地实现促读的目标。在组织读说、读演或读写等泛读表现性评价活动时，评价量表的使用具有重要作用。阅读期间通过个人或小组阅读圈口头汇报形式组织学生开展汇报交流，有益于检验学生阅读理解的程度和激发学生继续阅读的兴趣。汇报前首先给出评价的标准，如是否涵盖指定内容、是否依据文本内容、是否有独到见解、语言是否准确、口语是否流畅、是否呈现出好的姿态等等。汇报结束时可以采用学生自评、互评、教师补充评价的组合方式，充分鼓励的同时提出改进建议。

（一）设计与应用评价量表

表现性评价往往适用于高阶的读后输出活动，其有效开展往往需要以合理设计和应用评价量表为基础。开展综合性产出活动前带领学生明确具体的评价标准，能够极大提升阅读过程和表达活动的实效性。以 Book Talk 活动为例，教师在活动前向学生解释其内涵及其对英语学习的促进作用，亲身示范或借助相关视频案例展示该活动的步骤及评价标准。对于基础薄弱的学生，教师还可以提供特定的阅读任务单，如词汇积累单、故事地图、人物或情节分析单等，帮助学生深度理解所推荐的书籍。之后，课上带领学生仔细阅读 Book Talk 的评价标准（见表 4.7），该评价量表包含八个维度：开场吸引观众，与听众有眼神交流，讨论故事主题，所得结论使观众想读这本书，展现对此书的兴趣，能听得见，有视觉辅助，在规定时间内完成。每个维度包含四个评价等级及对应分数：优秀（Excellent）（16~20）、良好（Above Average）（11~15）、中等（Average）（7~10）、中等偏下（Below Average）（0~6）。

Book Talk 活动每月至少一次，每次 1~3 名学生进行展示交流。当一名学生展示交流时，其他学生可参照指定评分标准进行评价。教师也可以将全班分为六组（"是否有眼神交流"与"能否在规定时间内完成"维度的分数可由教师给出），每组选择不同的评价维度进行评价并给出理由，每组评价发言人需轮换。小组评价维度每次也要更新，确保观众从不同角度关注 Book Talk 的内容细节。当评价出现分歧时，教师要及时介入指导。学生经过多次体验，就可以很好地进行同伴评价，互学互鉴，不断提升 Book Talk 的效果。

表 4.7 Book Talk 评价量表

Criteria（标准）	Excellent 16~20（优秀）	Above Average 11~15（良好）	Average 7~10（中等）	Below Average 0~6（中等偏下）
Introduction attracts the audience（开场是否吸引观众）	Exceptionally creative beginning with an excellent quote（有创意非凡的开场，并有极好的引述）	Creative beginning with a good quote（开场有创意，有良好的引述）	Not a very creative or interesting beginning with a quote（开场不够有创意，不够有趣，但有引述）	Not a very good beginning with no quote（开场不够好，没有引述）
Maintains eye contact（是否包含眼神交流）	Always maintains eye contact and engages the audience（始终有眼神交流，吸引观众）	Almost always maintains eye contact（大多数时候有眼神交流）	Sometimes maintains eye contact（有时候有眼神交流）	Never maintains eye contact（始终没有眼神交流）
Discusses the theme（是否讨论主题）	Correctly discusses the theme and makes a strong argument for the theme of the novel（准确讨论了主题，并针对小说主题提出了充分的论证）	Correctly discusses the theme but fails to elaborate on the importance（准确讨论了主题，但未能论证其重要意义）	Discusses the theme but is incorrect or not very thorough in their elaboration（对主题进行了讨论，但其分析论证不够准确，不够全面）	Does not discuss the theme or make a very general statement about the theme（没有讨论主题，甚至没有就主题提出总体观点）

续表

Criteria（标准）	Excellent 16~20（优秀）	Above Average 11~15（良好）	Average 7~10（中等）	Below Average 0~6（中等偏下）
Conclusion makes the audience want to read the book（所得结论能否使观众想读这本书）	Very enticing conclusion – draws the audience to read the book（得出了非常吸引人的结论，能够吸引观众读读这本书）	Somewhat interesting conclusion, the audience might want to read the book（得出了还算有趣的结论，观众可能想读这本书）	Concluded but does not draw the audience to read the book（得出了结论，但不能吸引观众读这本书）	Very boring conclusion or no conclusion at all（所得结论很无聊，甚至都没有得出结论）
Demonstrates enthusiasm for the book（能否展现对此书的兴趣）	Very enthusiastic and knowledgeable（非常有兴趣，知识很广博）	Somewhat enthusiastic and knowledgeable（比较有兴趣，知识性比较强）	Shows average enthusiasm and understanding（兴趣一般，知识性一般）	Not enthusiastic at all（根本没表现出兴趣）

续表

Criteria（标准）	Excellent 16~20（优秀）	Above Average 11~15（良好）	Average 7~10（中等）	Below Average 0~6（中等偏下）
Audible（是否听得见）	Voice is clear and words are pronounced correctly and tempo is good（声音清晰，发音准确，速度控制较好）	Voice is mostly clear and audible, pronunciation is mostly correct（声音总体清楚，发音总体准确）	Sometimes hard to understand or hear the student. Mispronounces common words（有时比较难理解或听清楚，常见单词发音有问题）	Voice is too soft, mumbles, speaks much too fast or slow（声音特别轻，话语含糊不清，说得太快或太慢）
Visual aid（视觉辅助）	Visual aid is well-done, colorful and very helpful to the presentation（视觉辅助完成得非常好，很丰富，对展示很有帮助）	Visual aid is colorful and helpful to the presentation（视觉辅助较丰富，对展示有一定帮助）	Visual aid is completed and might be helpful to the presentation（能够完成视觉辅助，可能对展示有帮助）	Visual aid is not done or very poorly done（没有视觉辅助，或其效果很差）
Stays within time limit（能否在时间期限内完成）	Within time limit 3 minutes（在 3 分钟规定时间内完成）			Too short or too long（所用时间太少或太久）

　　值得说明的是，综合性阅读表达活动的评价维度都应围绕书籍本身设计，但会依据活动的侧重点及具体书目的主题不同而有所不同。例如，"封面海报设计"侧重于对原版书主题内涵、重要人物和关键情节等的呈现；"人物经历导图"（见图 4.24）则侧重于对文学类作品中主要人物成长经历和情感变化的梳理。

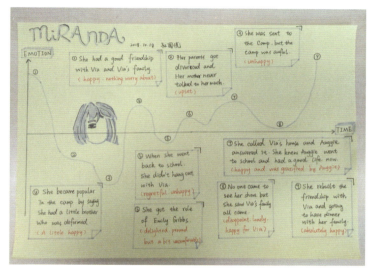

图 4.24　小说 *Wonder* 人物经历导图作品示例

（二）多元主体参与评价

　　为了更好地发挥学生在自由泛读中的主体地位，教师要善于调动学生参与评价，综合教师评价、师生共评、生生互评、学生自评等多种评价方式。以一次关于航空主题的阅读为例，教师在活动前明确项目评价的方式：组内评价、组间评价及教师评价。组内评价（见表 4.8）由组内其他成员共同商议完成，从三个方面进行评价，目的在于调动所有成员的积极性。

表 4.8　组内评价表

被评价人姓名：		总分：		
编号	评价内容	Excellent（3）	Good（2）	Need to Be Improved（1）
1	在大部分时间，他（她）踊跃参与，表现积极			
2	他（她）的意见总是对我很有帮助			
3	他（她）能够按时完成学习任务			

　　组间评价（见表 4.9）和教师评价则主要从语言、内容、团队合作、创造力四个角度展开，评价方式以 One Star and One Wish 点评和在线投票并说明理由为主。

表 4.9　组间评价表

被评价小组：		总分：		
编号	评价内容	Excellent（3）	Good（2）	Need to Be Improved（1）
1	Language（语言）: simple and correct			
2	Contents（内容）: interesting and instructive			
3	Teamwork（团队合作）: Everyone talks.			
4	Creativity（创造力）: full of creativity			

　　学生在小组展示后及时给出一个建议，有利于阅读成果的改进和完善。学生进行在线互评时，不仅要选出两组喜欢的作品，还要说明

具体的原因。从调查结果看，内容有趣、创意新颖是学生喜欢某一组作品的主要原因。为了让学生享受更大范围内分享的快乐，教师还可以组织学生在班级间展示优化后的阅读成果。

（三）综合多模态评价方式

　　在后疫情时代，教师还可充分利用信息技术助力自由泛读规划的制定、实施和反馈。以基于 9 册分级读物的在线自由泛读为例，教师以培养学生自主阅读并积极表达的能力为目标，开展了近一个月的在线泛读活动。教师首先利用课堂时间开展共读，训练指向表达的阅读策略，引入汇报评价量规，引导学生提升表达的质量。读物以故事类和科普类为主，每本书篇幅约 2000 词以内，都配套了主题词汇释义，适合学生进行自主规划。教师鼓励学生自主制定选书、分组、设计汇报任务等规划，采用"课堂限时持续默读 + 课下自主选读"的泛读方式。结合疫情防控期间的在线教学背景，教师选择了口头视频汇报和推荐书目的读后表达活动，组织学生按计划提交视频并完成同伴评价。推荐分享活动一共开展了两轮，以下为活动流程示意图（见图 4.25）。

图 4.25　阅读推荐活动流程

首先，教师利用一课时进行整体、细致的指导，确保每个学生都能够掌握和落实口头推荐活动的要求和评价标准。学生从 9 本书中自选一本，并在 20 分钟内完成限时默读，在教师的问题（What is the book about? What have you learned from the reading, new knowledge / lessons for life? How would you assess the book?）的引导下，完成阅读笔记。随后，学生按照教师建议的评价标准（见图 4.26），准备 1~2 分钟口头推荐自选读物的内容，感知角色代入的体验，利用合适的身体语言如眼神、手势等或道具如书本封面和海报等，流畅、自然、准确地完成脱稿口头表达。学生分组练习后，教师邀请两位学生进行全班展示，师生根据汇报评价标准给予点评，提出改进的建议。

How to give a successful oral introduction to your book?

1. Role: as if you are the teacher and are going to teach the reading (choose the things you hope your fellow students should learn)
2. Prompts like ppt, posters, pictures... to help convey your ideas
3. An appealing beginning (like showing the cover to catch people's attention); some inviting questions to arouse thinking
4. Informative & logic introduction, fluent speech without reading, natural talking gestures...

* Before shooting a video clip, practice with your pals to make sure you will give the best presentation.

Due: this weekend

图 4.26 阅读推荐口头汇报评价标准建议

接下来，学生自选另一本读物，限时完成阅读及相应的笔记，根据口头汇报评价标准与同伴一起练习和改进，师生对两个汇报作品进行集体点评、提问和补充。经过这个培训，学生能够清楚掌握自由泛读任务和汇报表达的要求，为课下自主阅读和视频录制做好准备。学生在随后的两个周末完成了自选三本书的自由泛读和读书笔记，并选择其中一本书录制口头推荐视频，教师根据视频表现和评价建议给予反馈。从学生作品可以看出，他们的自主阅读能力和语言表达能力都有所增强，教师结合具体的作品分析对本轮自由泛读进行了如下反思。

　　通过第二轮学生汇报作品分析可知，学生从口头表达形式和语言内容两个方面都较好地完成了"阅读推荐"的任务。首先，学生全程脱稿，自然目视摄像头，在必要的时候通过展示书的封面、书页等提示观众直观感受图书的优点和特点。其次，通过学生的汇报用语可见，学生表达思路清晰，按照教师建议的阅读笔记框架，即复述概要、评价、阅读收获，分别进行了介绍。从语言使用的效果看，学生能够合理使用过渡语，使得表达层次清楚，如 What impressed me the most is...，What's more...，After reading...；能够准确使用书中的语言来介绍主要内容，如 It has been rebuilt and extended.；并且结合图书内容表达了自己的收获，如 I think all the wonders are significant and fantastic, and they also inspire my desire to travel around the world and broaden my horizon.，体现了创造性思维。

　　通过作品可见，学生读懂了 *What Are Wonders of the World* 这本 19~20 级的分级阅读书籍，并能有条理地完成内容简介、书籍评价和学习体会等。学生的表现说明，通过口头汇报的方式实施分级阅读教学不失为一个一举多得的方式：一方面学生在读、写、说的过程中吸收了与主题内容相关的语言，并合理加以运用；另一方面学生锻炼了有条理地复述和创造性表达的能力。最显著的是学生口语汇报的外在特征都得到了提升，如自然大方的表达姿态、恰到好处的图书展示，连贯、准确、流利的口语表达，甚至还有背景配乐。

访谈发现，学生非常喜欢"口头汇报推荐"的分级阅读方式，原因有四点：一是"高效"，因为读物的级别和学生语言能力水平基本匹配，阅读障碍不大，适合进行口头介绍；二是"说"能保证真正的理解，如果是写作任务，学生可能会从读物中抄写语句，未必是理解的结果；三是锻炼了"交互性"，学生在表达的时候设想观众的反应，会主动安排能让观众感兴趣的辅助方式，如展示实物或使用问句等；四是从9本书中自选推荐2本，学生感受到了"自由"。

此外，学生推荐较多的书籍以非故事类文本为主，如 *What Are Wonders of the World*，*Poping Corn*，*The Animal Beauty Competition* 等，拓展了阅读的体裁。学生反馈这类读物图文并茂，知识信息丰富，容易吸引读者；故事类作品因为篇幅短小，情节简单，语言朴素，不如非故事类文本阅读的收获大。这说明高中生对阅读材料带来的获得感有了更加理性的高要求。最后，学生总结了流畅完成口头汇报的经验：按照教师给出的评价标准在阅读笔记中列出汇报提纲，通过预排练控制、把握词数和语速等。这些策略对学生将来的英语应用能够起到积极的影响作用。

通过视频形式口头推荐的表达性活动体现了"高效""阅读表达力""自主阅读"等关键词。教师把课堂教学的目标重点放在理解能力的检测和表达能力的发展上。教师的作用体现在适时给学生提供泛读的方法指导和注意事项方面，其他的能由学生自主完成的阅读、表达的过程大胆交还给学生，实现了"自主学习"。在特殊时期无法保障学校教学的情况下，通过学生录制视频完成读说活动是一个提高阅读素养和英语学习能力的好办法。

三、终结性评价

分级阅读课程化旨在通过系统整合课程的规划、实施和测评，整体提升学生的阅读品格和阅读能力。因此，教师可以在终结性评价中巧妙地融入泛读相关内容，考核自主阅读情况，提升学生对自由泛读的重视。教师在终结性测试命题及实施过程中要考虑以下几个原则：1）考查学生对近期阅读书目的理解；2）测评标准简洁，突出重点，以阅读内容为主导；3）结合书籍的写作特点；4）客观选择题与主观陈述题相结合；5）为防止学生因复习压力而降低阅读兴趣，特别是针对篇幅较长的阅读书目，终结性评价可以采取开卷考查的形式，学生可参考图书、笔记、导读手册等，减少记忆负担。

例如，在阅读 *Aliens Go Shopping* 后，学生分享了生动有趣的续编故事，教师将部分作品改编为听力小测试（见图 4.27）。当学生在试卷上看到自己的作品时，他们兴奋不已，自主阅读的动机得到了极大的鼓舞。

高中阶段，教师可尝试将读书报告与应试写作有机融合，如向笔友介绍一本书。写作内容包括图书内容简介、重要情节和人物分析、优质语言分享、个性化评价和推荐理由等。评价标准则包括有书信交际意识、涵盖所有写作内容、语言质量高、书写整洁等多个维度，每个维度赋予相应分数。这样的评价方案不以具体的语言水平为中心，能够对认真、自主完成泛读任务的学生起到激励作用。

四、听故事，根据故事的内容将下列图画按照 ABCDE 重新排序，故事将播放两遍。（10%）

The Aliens Go Playing in Our School

18. (　　　)　　19. (　　　)　　20. (　　　)　　21. (　　　)　　22. (　　　)

图 4.27　学生作品改编为测试内容示例

写作评价任务示例 1：给笔友写信，介绍你所读的 *Harry Potter*。必须包括的内容：整本书故事梗概、人物分析、优质语言分享、对该书的评价。

It's a letter! (5)	All Required Parts (10)	Good Language (5)	Total Impression (20)

为考查学生的阅读思辨能力，教师可以设计相对开放的辩论写作题目。学生挑选一个命题，结合泛读完成论述，既考查了学生对整本书从情节、人物、主题到写作特点的理解，又在逻辑性、开放性和有依据议论方面对学生提出了挑战。

写作评价任务示例 2：以下 5 个观点与 *The Curious Incident of*

the Dog in the Mid-Night 有关。请选择其中 1 个观点结合故事内容进行阐述，可以支持也可以反对。

1）Christopher will have a great future （concerning his family, study and career, etc.）.

2）It's possible to get along with autistic children.

3）Christopher's mother's departure was good for the family.

4）Compared with his mother, Christopher's father loves him more.

5）The book reveals an autistic world in the way that makes it easy for readers to understand.

What makes your argument convincing?

Clear Argument （5）	Sound Evidence （10）	Good Language （5）	Total Impression （20）

此外，教师还可以利用更加开放的写作题鼓励学生发挥创造性，例如针对小说 *Flipped* 的创意写作：请学生参考原书双主角轮流展开自述的写作风格，从一个主角的立场出发给另一方写信，以弥补两人之间的沟通缺陷。本例代入感很强，考查学生对人物和情节是否有全面深入的理解。

If you are a boy, please take Bryce's role and write to Juli to explain your part of story involving her.

If you are a girl, please take Juli's role and write to Bryce.

- The purposes of the letter (you choose one): explain / apologize / forgive / scold
- Use the first person "I"
- Employ the details in the book to make your letter persuasive

You may refer to the book!

A Vivid Bryce / Juli (5)	Clear Purpose (5)	Essential Details (5)	Good English (10)	Total (25)

综上，教师要清楚利用阅读表达活动评价自由泛读的目标定位，即促进学生关注读物主题意义，内化语言，锻炼语言表达技能，以此反拨其自主、合作、探究的学习能力。在此基础上，教师要围绕教学目标组织多层次、有实效的学习活动，做好整个阅读过程的规划，加强策略性指导，鼓励学生自主探究和自由表达。整个过程中，教师不仅应该承担阅读组织者、督促者和评价者的角色，也应该成为学生自由泛读过程中的"脚手架"，给学生提供足够的策略指导和情感支持。

第五章
英语分级阅读课程化中的师生发展

在核心素养视域下，英语分级阅读课程化从理论和实践层面对学生、教师和学校的发展都具有举足轻重的作用，能够有效保证课程的重心不偏离学生的发展，凸显课程开发过程中以育人为基础的价值体系的建构，值得深入研究。本章将呈现生动的学生和教师发展案例，旨在反映出英语分级阅读课程化对作为积极阅读者的学生的成长以及作为课程参与者的教师的发展所产生的影响。

第一节　概述

基础教育英语课程改革指向学科核心素养的综合发展，在改革不断深化的背景下，学校、教师和学生逐步参与到课程开发、实施与评价的课程化过程中。这种变化是学校教育对新世纪社会经济发展挑战的一种回应，具有三个方面的重要意义：1）能够对接学生个性化需求，激发学习动机，拓展自主发展空间，有利于知识与技能的内化及综合素养的提升；2）教师主动参与课程开发，为反思性实践创设情境，在提高教学能力的同时逐步形成个性鲜明的教学风格，强化研究意识，有利于持续性专业发展；3）为学校赋权，实现课程开发的科学化、制度化和规范化，重构文化机制，凸显办学特色（高云庆，2002）。

分级阅读课程化坚持英语学科育人的价值基础，指向学生阅读素养的综合发展，通过系统的规划、灵活的设计和个性化的指导，旨在转变学生以应对考试为目标的僵化阅读方式，引导学生主动参与到英语学习中来，养成良好的阅读品格和阅读习惯，积极运用多种阅读策略，与阅读文本进行深入的互动，结合实际生活经验进行批判性思考，培养评价等自主学习能力，逐渐发展为积极的终身阅读者。

诚然，课程开发成功的关键在于教师的专业发展。在分级阅读课程化过程中，教师必须转变传统的被动执行国家课程指令的"教书匠"或"教学机器"的角色，要从稳定的教学舒适区中走出来，主动参与到课程的决策中来，突破狭隘的"学科意识"而形成整体的课程观，对教学材料或学科内容进行合理的调整和改变，发挥创造性潜能，通过研究学生、学科内容及学校文化等方式转变为课程研究者，实现持续性专业发展。

第二节　积极阅读者成长个案

在形式多样、持续进行的英语分级阅读课程化实践中，中小学生的英语核心素养获得了显著提升。语言能力方面，主要表现为真实、地道语言知识的积累，语感的增强，口头表达及写作能力的提升。思维品质和文化意识方面，主要表现为学生对英语整本书阅读不再有畏难情绪，不但拓展了文化知识，还通过阅读对不同主题及人生经历乃至人性有了深入的思考，对世界有了更加丰富、多元的认识。学习能力方面，主要表现为学生培养了总结主旨、概述信息、在语境中理解语言意义、提炼写作技巧等多方面的认知策略，阅读速度大幅提升，自主规划、调整、评价阅读过程的元认知策略也得到了发展，养成了良好的英语阅读习惯。这一过程中涌现出很多积极阅读者的成长案例，以下分享几个典型案例。

一、小学生分级阅读成长案例

（一）重新点燃英语阅读的热情（北大附小石景山学校瞿丽老师）

L 是一位白白净净的小姑娘，平时梳着两个短短的小辫子。四年级接手他们班时，她在英语课上的表现并不突出，甚至有时会走神，也不爱举手回答问题。开学一个月后，学校启动了英语分级绘本线上阅读项目。项目前测中，L 的蓝思值是 335L，竟是全班蓝思值最高的学生！可以推断，这是一个有良好英语基础并且有阅读经历的孩子，但是她在英语课上的表现为什么与此并不相符呢？带着这份好奇，笔者课下单独与她聊天，得知她从幼儿园起就和爸爸一起做英语绘本的亲子阅读。上小学后，她更喜欢中文阅读，就不太重视英语绘本阅读了，她并不喜欢英语教材，觉得内容简单，很多问题她都懒得举手回答。

笔者恍然大悟，L 原来是由于学习材料与知识储备不匹配而影响学习兴趣的典型代表。这引发了笔者的思考：如何发挥英语分级阅读项目的优势，重新点燃这些学生的英语学习积极性呢？

1. 加入选书小组，重燃对英语的兴趣

蓝思测试后不久，笔者推荐 L 加入选书小组，试读英语绘本，从中为全班挑选本学期师生共读书目。她当天就带了好几本书回家读，第二天对每一本书都提出了自己的看法。在公布阅读书目时，笔者在班里表扬了她。从那以后，她在英语课上的表现比以往积极了很多，经常举手回答问题，针对开放性问题更是体现出良好的英语基础和活跃的思维，课下也特别喜欢找笔者聊天。

她的英语基础好，有自己的阅读方法，对读过的绘本有自己的观

点，笔者建议她可以同时阅读纸质和线上绘本。她选择了各种绘本，包括故事类、科普类、历史类、人物传记类等等，还试着记笔记、做记录卡、写读后感等。每周一统计线上阅读数据时，她总是在蓝思阅读榜前 10 名。L 在聊天时告诉笔者，她认为阅读绘本时不需要查单词，而要理解和把握主要内容，这样测验的通过率才高。从数据分析可以看出，L 的阅读兴趣和阅读速度都有显著提升。

2. 阅读中走进英语学习的世界

四年级快结束时，笔者发现 L 的线上阅读放缓了，跟她聊天才知道，线上书库已经没有她喜欢的书了。于是笔者建议她调整策略，从绘本过渡到桥梁书，从线上阅读回归纸质阅读，她选了自己一直喜欢的《哈利·波特》英文简写版，课间经常跟笔者交流阅读感受。疫情居家学习期间，她阅读了大量英美流行小说，还读了英文原版《哈利·波特》，最喜欢"The Hunger Games"系列，书中曲折魔幻的情节和生死离别的场景深深地感染着她。

阅读能力的发展带动了 L 英语综合能力的整体提升。六年级第一学期，她准备挑战雅思英语考试，由爸爸指导写作，其他科目自主复习，最终取得了雅思英语 7.0 分的优异成绩！她总结说："重新拿起纸质英语图书，我突然体会到了它的魅力。那一个个曲折的情节引人入胜，那一位位惟妙惟肖的人物深深地吸引着我。我读了一本又一本，对英语的兴趣像一束火把一样重新燃烧起来，一拿起名著小说便放不下。这些书籍不但扩展了我的词汇量，而且给我带来了无限的成就感，陶冶了我的情操，让我领悟到许许多多人生道理。比如我明白了无论出生时的地位多么卑微，只要坚持努力，不怕受挫，积极面对生活，未来就会是充满光彩的！"

3. 教师的反思与感悟

我们一直以培养兴趣作为小学阶段英语学习和绘本阅读的核心目标之一。大量原汁原味的英语绘本激发了学生对阅读及英语的兴趣。小学生需要教师的关注，英语阅读能力的提升需要适时的引领和个性化的指导。认真倾听学生的心声，巧妙借助多种策略鼓励他们，总能让每个学生都找到适合自己的阅读方法和发展路径。每一次阅读活动都可能点燃某些学生的阅读热情，就像选书活动重新点燃了 L 对英语的兴趣一样。因此，要坚信付出一定有回报，要愿意做学生英语阅读的引路人，点亮他们英语学习的前行之路。

（二）静静成长，缓缓绽放（北京市八一学校刘丹老师）

课堂上总有这样一些学生，他们性格温和，作业总是认真完成，按时上交，成绩处于班级中等水平，课上几乎不主动举手或提问，有问题更愿意自己解决或下课单独问同学或老师。他们被戏称为班里的"隐形人"，经常因为过于安静而被忽视。本案例的主人公就是这样一个学生，他的英文名是 Carl，在四年级到六年级三年的自由泛读课程中，他静静成长，缓缓绽放。

1. "分享让我进入快乐星球"

四年级刚接触 Carl 时，笔者就觉得他十分沉稳，性格偏内向，即使是在课下也很少听到他大声说话。他个子不高，瘦瘦的，说话的声音很柔和。课堂上他总是安静地坐在座位上，睁大眼睛看着老师，时不时记录着老师讲的内容，他几乎从不举手，与同伴分享时声音也很小。分级阅读中进入持续默读后，Carl 一直默默地坚持着，他课上认真阅读绘本，用便利贴写下自己的想法，课后利用阅读单进行积累。终于有一次，他和好朋友 Dora 对于同一本书的看法（见图 5.1）吸引了笔者。笔者在班里朗读，其他学生都觉得特别有意思，为他们鼓掌，笔者留意到 Carl 眼神里充满的喜悦。

图 5.1　Carl 四年级持续默读后的想法分享（左侧便利贴）

在那之后，Carl 对待读后任务更加认真，积极填写阅读单（见图5.2）。他不仅记录每天所读绘本的名称、对其的喜爱程度和其中的新词，还主动完成其他学生都认为很难的读后感。按照笔者的鼓励，相比语言的准确性，他更加重视对内容的回应，他并没有千篇一律地写 It's interesting.，而是记录下对每本书的真实感受。课上，他和同伴交流时的声音变大了，表情更加轻松了。期末反馈中，他写道："我越

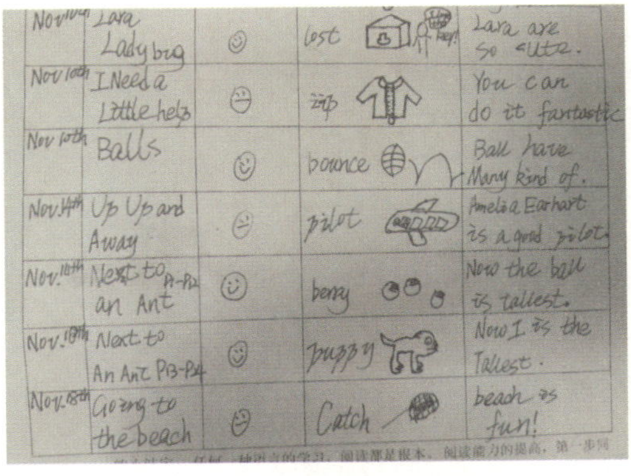

图 5.2　Carl 四年级持续默读阅读单的内容

来越喜欢英语阅读了，最喜欢读便利贴上其他同学的想法，跟我的有些不一样，这种分享让我进入了快乐星球。"

2."小蚂蚁在 aur 餐厅休息"

你能猜出 aur 代表哪个单词吗？有点难是吧，它其实代表了 restaurant 这个词。事情是这样的，一次课上分享中，一个学生说："'餐厅'这个词太难背了，太长了！"另一个学生建议说："咱们把它拆开背，先背 rest，还有 ant。"这时，Carl 举手说："用'小蚂蚁 ant 在 aur 餐厅休息 rest'就能记住这个词了。"

3.享受缓缓绽放的过程

三年的分级阅读课程中，Carl 在老师和同伴的引领下，不仅主动总结了很多记忆词汇的好方法，阅读策略的使用水平和思维高度也都有了显著提升。关于阅读策略的使用，他总结道："假如遇到不认识的词，我会找来英汉词典或者利用线上翻译软件，在积累生词时能配图的尽量配图。在阅读完一本书后，我在阅读积累本（见图 5.3）中用故事结构图或者思维导图整理内容，这样对整本书的理解就更清晰了。"

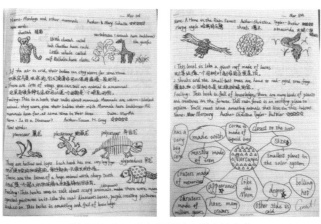

图 5.3　Carl 六年级阅读积累本的内容

同学之间的交流促进 Carl 从多角度理解阅读内容，他在反思中提道："两个人看同一本书，产生的想法可能是不一样的，这时候如果每个人都表达自己的想法，以后其他人在阅读中就会以不同的角度看这本书。"

六年级的 Carl 在英语阅读中更加自信，目标更加明确，还乐于把这种积极的态度传递给同伴。他每周都把自己读到的内容主动分享给同伴，并督促和鼓励他们多读，多分享。Carl 在自评中认为，自己基本上成长为了一名积极阅读者，有浓厚的阅读兴趣，阅读广泛，能够主动建构意义。他计划在"使用好的阅读策略"方面更加努力，做得更好。这既是 Carl 与分级阅读的故事，也是很多安静的学生沉浸于阅读、享受阅读的故事，他们静静成长，缓缓绽放。

二、初中生分级阅读成长案例

（一）兴趣成就自信——一位学困生的转变（人大附中通州学校 杨蓉焜老师）

小 A 是我校 1+3 项目初三学段的一名学生，之前其英语学习主要聚焦于教材文本，她不喜欢背诵英语单词和句型，常常质疑背诵这种英语学习方法，一看到单词和句子就觉得头疼，对英语学科存在着强烈的畏惧心理。小 A 的英语成绩在班里排名后十位，蓝思首测 288L。

1. 播种兴趣

新学期开始后，我们以英语分级读物作为阅读素材，这些读物不同于短小的教材文本，图文并茂，话题丰富。小 A 找到了自己感兴趣的自然、地理等方面的分级读物，一节课可以读完六七百词的读本，还能借助情节曲线和思维导图梳理主要内容，使用一些地道的语言进行表达，她对英语的态度和心境发生了转变。

特别是 *Moving In* 一书，其中有一个黑熊翻垃圾桶然后被警察用麻醉枪击中并带走的场景，笔者让学生演绎这个场景，一个学生扮演黑熊，很认真地翻着垃圾桶，然后被另一个扮演警察的学生扛走。这一幕表演深深触动了小 A，她既想哭又觉得好笑，想象着或许有一天真的有熊因为森林里没有食物而进入城市。这本书开启了她对英语阅读的兴趣，也引发了她对人与自然的深思，她开始拥抱阅读，期待了解人间百态。

2. 收获习惯

小 A 在阅读中积极思考，即便英语不太流利，语法不够准确，也愿意参与课堂活动。她在访谈中提道："课上阅读圈的讨论形式，使我了解到每位同学独特的看法；课下活动也很丰富，我们为书中角色写诗、画手抄报或者做海报。我印象最深刻的是一节关于泰坦尼克号的阅读课，有的同学为故事进行续写，有的同学绘制了海报，表达对这场事故的惋惜。"找到自信后，小 A 每天坚持记录自己学到的词句，表达观点和评论。笔者在读书笔记中特意设置了技能迁移环节，引导学生用积累的句型造句，并在每日批注里给学生提出修改意见。这对小 A 非常奏效，她开始关注语言表达，强化使用目标词汇和句式的意识，渐渐转变了自己的思维方式。

经过一个半学期的努力，小 A 的蓝思值提升到 427L，英语成绩也步入班里中上水平。她总结说："分级阅读提升了我的阅读速度，大大拓展了我的知识面。我从不爱读书，渐渐变为逐日读书。老师上课讲分级读物时，我也养成了记忆文中重点词汇的习惯，词汇量有大幅提升。"

3. 教师反思

针对学困生，激发他们的学习兴趣和内驱力是首要任务。分级阅读丰富的话题可以契合不同层次学生的需求，帮助他们敞开心扉，树立自信。分级阅读教学中教师要兼顾不同层次学生的需求，鼓励以学生为中心的小组合作，布置差异化任务，让每一个学生都有机会参与到丰富多样的英语活动中，调动他们的学习积极性。蜕变的过程依赖于习惯的力量和长期的坚持。读书笔记的设计要兼顾对语言技能的指点和给予学生个性化反馈，赋予学生坚持的动力。在部分测验时，有些学生可能因为成绩不理想而质疑近期的努力，此时教师要鼓励学生聚焦近期的进步，给予正向反馈，指导他们完善阅读计划和语言输出策略。播种兴趣，点亮思维，加以坚持，学困生也能迎来质变。

（二）从 I have to 到 I'd love to（人大附中通州学校王益勤老师）

M 是 2019 级 1+3 项目的一名学生，她的学习习惯不错，上课认真听讲，课后积极完成作业，但是学习缺乏主动性，对自己要求不高，课下仅限于完成相关书面作业。参与分级阅读这一年，M 学习英语的主动性明显增强。她阅读了大量英语课外书，累计超过 400 本，约 120 万词。一年内，她的蓝思值从 485L 增长到 771L，英语成绩得分率也从 78% 提升到 90%，是什么让她从 I have to（不得不做）转变为 I'd love to（愿意去做）的呢？

1. 见贤思齐——同伴促读

学年结束时，在关于这一年英语学习和阅读收获与感悟的问卷中，M 说她最大的力量来自同伴。

"最初受到激励是在图书馆看到上一届学姐、学长一年的阅读书单，长长的单子甚至超过了图书馆的柱子，一直贴到了天花板上，当时就想'我也好想做一个那样的单子啊！'于是就开始认真地读。

第一次测试，我的蓝思值并不高，看到班上有不少同学都高于800L，我有些不服气，自己怎么和他们差那么多呢？所以我就拼命地读，特别想追上他们，我给自己的目标就是每次蓝思测试值都要增加，不管多少，进步就好。

后来是小组阅读给了我持续的动力，因为同组同伴的蓝思值都差不多，选的读物也差不多，每当读不下去的时候，想想小伙伴还在坚持，就鼓励自己要读下去，这样组内分享时才有话可说。

一个学期后，我感觉自己的英语提升了不少，便开始尝试创作绘本，并结合兴趣去阅读更多课文相关主题的课外书，慢慢地我越来越自信，越来越勇于尝试，也收获了更多。"

2. 在做中学——活动促读

1+3项目经过三年分级阅读实践，已经探索出一些固定的活动，包括新书发布会暨学年阅读之星表彰大会，结合每本书特色开展的读后活动，如读者剧场、课本剧、小说续写、创意写作、绘本创作、演讲比赛等。以新书发布会为例，学生在入学初就被明确告知，他们在学年末要完成一本可以在全校发布的千词以上的英文小说，所以一整年的英语分级阅读和各种小活动都在为发布会做准备。例如，M在学年末完成了一本5000多词的英文小说 *Intersect*，并自己设计了封面与封底，在发布会上以饱满的热情进行了新书推介演讲，最终获得"金牌作者"和"年度阅读之星"的称号。像M这样，既有坚定的目标，又能用英语实际做事情，在分级阅读中就会非常投入，非常充实。

3. 遇见 Auggie——用情促读

Wonder 是我们初三下学期的主要书籍，讲述了一个叫 Auggie 的小男孩克服重重困难，顺利完成五年级学业并获得荣誉毕业生称号的故事。书中关于友情、亲情、校园生活、青春期的描写都与学生的生活密切相关。他们在读这本书时，与 Auggie 同喜同悲，产生共情，并将诸多类似的情感迁移到自身的成长上，这种情感润物细无声，默默地滋润着每一个学生的心田。

M 的共情能力尤其突出，她伴着 Auggie 的悲喜一口气读完了这本书，久久不能释怀，她为 Auggie 的善良而感动，也为 Julian 的"坏"感到迷惑。于是她找到该书的专题网站，搜出同系列的书籍 *Auggie & Me*, *365 Days of Wonder*, *The Brownes Percepts*，挖掘 Julian 性格背后的原因，也更深刻地领悟了 Browne 老师的箴言。全班都读完 *Wonder* 这本书后，M 应邀用 Book Talk 的形式介绍了其他两本同系列的书，她的真情实感打动了很多同学，他们也纷纷找来这两本书阅读。

在分级阅读的漫漫长路上，教师要坚定不移地用心、用情、用行动去陪伴、督促、指导学生快乐而有效地阅读。如此这般，学生就更容易体会到阅读的乐趣，从 I have to 变成 I'd love to，让阅读成为长久的习惯。

三、高中生分级阅读成长案例

（一）分级阅读助力特殊背景学生突破"瓶颈"（人大附中通州学校李婷婷老师）

Z 是高二年级的学生，进行分级阅读已有两年，高一入学初蓝思值为 456L，课堂表现积极踊跃。高中之前，他的英语学习途径主要是学习教材，按照教师要求完成相关任务，从未接触过原版材料。第一次期中考试成绩 110 分（满分 150 分），居班级中等偏下，Z 对成绩不满意，但又不知如何解决。

1. 沉浸式阅读小说，正向思考人物命运——培养阅读习惯

Z 和班内大部分学生初期不太适应原版整本书阅读，有畏难情绪，于是我们选取内容贴近高中生心理和情感发展需要的小说作为敲门砖。高一上学期，我们让学生较长时间沉浸在英语阅读的环境中。寒假期间全班共读 *Bridge to Terabithia*，这本书蓝思值为 810L，讲述了关于友谊、冒险、失去和改变人生的少年成长故事。放假前我们先通过导读课激发学生的阅读欲望，假期给学生提供电影片段，随章节下发学案，及时检查阅读质量。这种陪伴式阅读进行到全书 1/3 时，Z 和很多学生一样，都进入了阅读状态，后续就可以自主阅读了。

高二时，笔者了解到 Z 的家庭成长环境，知道他的生活基本依靠自己，从家庭获得的情感支持较少，学习和生活中会有抱怨和自暴自弃的倾向。寒假期间全班共读了 *Educated*。这本书蓝思值为 925L，是一本关于如何在糟糕的原生家庭环境中自我成长的情感类小说。阅读中，笔者尤其关注了 Z，特意嘱咐他每周向笔者提交一次读书感受，不仅帮助他养成了良好的阅读习惯，还了解了他的阅读情况以及他对该主题的评价，及时在认知和情感方面做出了引导和反馈。

Z 在读 *Educated* 的过程中，不断将自己与主人公进行链接和对比，对主人公在逆境中不断突破自我的勇气表示钦佩。"这个拯救自己的故事让我为之动容。难以想象，一个身处如此糟糕环境的人，竟最终走进了世界名校的殿堂中。这本书也让我懂得了一个人需要坚定自己的信念，像一只鸟一样飞向属于自己的那座山。"高二下学期，他的

学习态度和效率有了显著的改善和提高，性格也更加积极乐观。

2. 从虚构类文本到非虚构类文本，客观看待世界

高二下学期，学生积累了一定的虚构类文本阅读量后，逐步转向非虚构类文本的阅读。我们引导学生关注社会时事，用英语了解周围发生的一切。每周在班里开展新闻推荐活动，并评选当周的最佳新闻。

在这个活动中，Z 表现得最为积极，阅读内容从中国航天发展的时事要闻到盲盒流行的原因等评论类文章，并能做出深度点评和链接，深受其他学生喜爱，获得每周最佳新闻的次数最多。在此期间，他的蓝思值达到 865L，两年时间提升了 409L，高二下学期英语成绩已经基本稳定在 128~135 分之间。

3. 系统的分级阅读有益于师生的共同成长

从 Z 近两年的阅读成长经历来看，选择英语分级读物的重中之重是要符合学生身心发展的需要，使他们能够与文本中的人物产生共鸣，有继续读下去的欲望。在这个过程中，学生的阅读能力、关联能力和审辨能力都会得到发展。学生在虚构类文本阅读中所养成的阅读习惯、阅读能力等相关要素基本可以顺利迁移到非虚构类文本阅读中，从而完成从 Learn to Read 到 Read to Learn 的转变。对于教师来说，在高效完成教材教学的基础上，带领学生在分级阅读中畅游，看到学生学习内驱力显著加强，是一种莫大的安慰，更能坚定进行分级阅读教学的决心。

（二）坚韧阅读使学生的学习效益"力半功倍"（北京二中向瑞方老师）

高中入学时，Sam 的英语水平在班内并不突出，对口头汇报也缺乏信心，但他是一个有韧性、自律和自我要求很高的学生，经常反思

自己的进步和问题。高中三年，他在笔者的阅读指导下，认真完成了学校分级阅读课程和读写、口头汇报等任务，共完成共读书 12 本、自读书若干本以及每周末的报刊时文简报和自由泛读笔记约 100 篇；专注阅读时平均速度达到每分钟 200 词左右；积极运用主动猜词、及时记背词汇等策略。

1. 放弃刷题，坚持原版阅读，打下坚实的英语能力基础

2017 年笔者初次接触 Sam（初二升初三）时，他正在为能否获得满意的中考分数而焦虑万分。当时他已经刷完 300 多套中考英语练习题。在笔者的建议下，他减少了刷题，决定先跟随教学计划坚持一个学期的分级阅读校本课程。阅读中，他感受到语言能力在潜移默化地提高，分析其缘由，他说：

"原版阅读大大提高了我的英语水平。此前，我能接触到的英语材料只有课本和试卷，上面的文章篇幅固定，也都经过人为加工。原版阅读材料未加删改，保留了生僻词汇、俚语和作者完整的行文思路。此外，原版阅读的一大优势在于篇幅。因为叙事在长篇幅里连贯下来，我期待着后续情节，所以更有动力进行大量阅读。足够的输入量让原版阅读的影响扩大到了方方面面，例如，我长篇写作的能力也有提升。"

这个变化激励了 Sam，让他确信只有大量阅读才能实现拔高英语能力、提高英语成绩的目标。高二下学期初，他开始尝试阅读数学论文的英文文献。

2. 利用教师合理的课程规划和方法指导，让学习"力半功倍"

最初，Sam 对分级阅读能够提高英语成绩将信将疑，但在我们的约定下，他按照笔者为他们班专门规划的阅读课程和评价方案，一个月至少读一本中篇原版读物，并完成阅读圈等交流活动。依据"认真

读就能得分"的考评引导，Sam 在每次阅读测试中都能取得班级领先的好成绩，他的答卷还被当作优秀典范张贴在英语教师办公室，供来访的学生和其他教师参观学习。

Sam 总结出笔者制定的阅读课程和实施方案具有以下几个显著特点。1）读什么就考什么，不以应试为目标。阅读测试命题始终围绕当下阅读的读物设计理解性、联系性读写任务，例如人物比较分析、图书和电影比较分析、给笔友推荐学期最喜欢的小说等。测试允许查阅书和笔记，学生只要认真读就不会缺乏表达的内容和素材。2）密度大，节奏快，活动多，全方位训练听说读写看的语言技能。泛读类阅读课程以培养阅读能力和习惯为目标，学生一个学期要读 3~4 本中长篇小说；大家同一个时段共读一本书，课堂上开展阅读圈小组汇报、封面海报制作、观看同名影片、合作创作科幻小说等丰富多彩的活动，每个学生都有充分表达和锻炼的机会。3）重要考试前专门安排阅读策略的训练。为了照顾学生的考试心理，临考前两周教师会结合考试中的阅读任务带领学生进行策略的训练和巩固。

3. 坚韧及平衡成就了能力与成绩的双赢

Sam 说，大量的阅读表达活动使他从不敢当众说话的"小透明"逐渐变得大方、从容，能在公众面前流畅地发表英语演讲了。他非常赞成笔者有侧重地安排分级阅读和应试技巧训练的做法："前期开展原版阅读，高三向应试阅读策略的培训转型，时间分配很恰当。"Sam 在高考备考时和考场上都信心满满。对他而言，英语试卷上的语篇理解并不困难，几乎没有不认识的词汇和不熟悉的表达方式，即使遇到陌生的语块、长难句，他也能够根据语篇主旨大意和上下文语境大胆推测，毫不慌张。

坚韧及平衡成就了 Sam，经过持续的分级阅读训练，他的英语能力显著提升，口语表达流畅、逻辑性强，写作准确、达意，阅读速度快，理解力好。他不仅在市级英语竞赛中获得了一等奖，还在 2021 年高考听说考试中获得了满分。

（三）原版阅读让学生重新审视英语学科（北京二中向瑞方老师）

CR 是个极度偏理科且非常内向的学生，读高中前经历的挫败让他厌恶语文和英语学科。家长描述说："他做英语作业时总是非常烦躁，坐立不安，无法集中精神。"其实，CR 不是不想学好英语，而是阅读面窄让他无法应对考试中多样的语篇类型，教材学习和教辅练习没有给他带来显著的成绩提升，缺乏成就感。因此，分级阅读课程刚好为他开启了一扇不同的门。CR 属于严谨学究型，开始进行分级阅读后，他对于喜爱的读物，每一个生词都要查阅并主动识记。虽然阅读速度比较慢，但他投入较多的课余时间，尽力完成了笔者布置的阅读任务。他以"愚公移山"的精神读完了 12 本小说和若干篇报刊时文。得益于超强的逻辑分析能力，他的读后写作任务完成得非常出色。

1. 原版阅读让我找到了学习英语的最佳方法

CR 原来以为，英语学习就是上课听老师分析课文、讲语法，回家完成密密麻麻的词汇、语法练习。他总感觉没有学到什么能长久记忆的知识，找不到学习的乐趣。进入高中后，他发现一个学期大部分时间都是在老师指导下阅读原版书，而不是学习琐碎的词汇、语法，他感受到了不一样的学习体验："原版阅读一方面提高了我的学习兴趣，另一方面让背单词变得更容易了，这是因为比起词典里孤零零的例句，小说中的例句是有情境的，更有利于记住单词的意思和用法。"

阅读有情节内容的长语篇能轻松记住生词，熟悉地道的表达法，这让 CR 确定，原版阅读是学习英语的高效方法，从此他的英语学习态度变得积极了。家长也反馈说，原版阅读帮助 CR 转变了学习方式，使他获益良多。

2. 思想深刻、语言简练的小说让我爱上了英语阅读

高一下学期，我们读了一本生词量不大但主题思想深刻的中篇小说。CR 家长反馈说，CR 周末花了三个小时沉浸在阅读中，查阅词汇的频率明显减少，读后主动和家长交流，认为人物描写立体而真实，故事探讨了记忆的重要性，让他第一次有了探究哲学的冲动。这次经历让他体会到了读英文小说时一气呵成的成就感，也证明 CR 的英语阅读能力达到了阶段性目标，即基本脱离了母语支持，具备了阅读英语原版书的思维方式。

后来，CR 的阅读速度越来越快，专注时间越来越长，他曾经连续花六个小时去阅读爱因斯坦的人物传记，这和以前做英语作业一刻钟都坚持不下来的他判若两人。CR 在高三下学期出现过几次因为学习压力大而早退的情况，但几次模拟考试和高考英语成绩都维持在较高水平，再次说明英语能力的提高需要长期的积累，最终他被北大录取。

3. 教师的悉心引导助我乐于投入英语阅读

最初 CR 对分级阅读的大容量和快节奏也是有所畏难的，笔者根据他的实际情况采取了三类措施：1）以宽容理解的态度引导他按自己的阅读节奏配合教学计划，比如减少读后任务量，优先保证阅读；2）阅读测试命题参考他的能力水平，保证他认真读就能得分；3）优先安排能引起他阅读兴趣的读物，如科幻专题，积极肯定他读后输出表达作品的价值。经过一学期的磨合，CR 找到了自己的阅读节奏，并能以较放松的状态获得较高的读后评价，这使得他更加热衷于持续

阅读。

为了鼓励 CR，高三上学期进行时文报刊选读时，笔者特意请他帮忙从一本杂志的 30 篇科普文章（全部来自国外严肃媒体，每篇 900 词左右）中推荐 10 篇，供同学阅读。他用一个周末完成了整本杂志的选读，把每一篇都标注了主题、推荐指数和推荐原因，对选出来的 10 篇还专门进行了筛查、标注了生词。CR 拿出大块的课余时间协助笔者完成了这项工作，也说明他愿意在有意义的英语阅读上付出更多的时间和精力。

（四）英语短篇小说阅读让学生感受思想光芒（北师大第二附属中学王健老师）

Lily，市级示范校高一年级文科实验班女生，阅读英语短篇小说一年。Lily 从四五岁开始接触英语，学习的时间比较长，基础扎实，英语学科成绩优异。升入初中后 Lily 学习英语的主要方式是学习词汇、语法等语言知识和做阅读、写作练习，特别是中考前"无穷无尽的刷题"让她觉得"原本有趣的英语变得越来越枯燥、乏味"。

1. 重燃：让思想在另一种语言的世界里飞舞

了解到 Lily 的英语学习情况后，笔者鼓励她扩大阅读量，增加原汁原味的英语输入，积极阅读短篇小说等经典文学作品。她认为："读短篇小说的时候，虽然基本没有词汇和阅读的障碍，但只会关注文章本身，通读一遍明白它在讲什么也就过去了，感觉英语无法像中文一样浓缩思想精华，表达丰富的情感。"面对这样一个原本对英语充满兴趣的女生，反复思量后笔者决定建立一个属于我们两个人的"读书会"，带领她一起阅读构思精巧、人物鲜明、语言地道的经典短篇小说作品，去重新感受英语的魅力。我们的"读书会"是从阅读毛姆的经典作品《患难之交》开始的。了解故事的主要情节后，她觉得情节挺简单的，故事也不难理解，"看不出有什么独特之处"。笔者提出了几个问题：作者为什么用第一人称的叙述角度，用对话的方式讲述这个故事？为什么几次提到"近乎透明的手"？看起来戛然而止的结尾有什么深意？这些问题让 Lily 陷入了深思。接下来，笔者带着她一起从文章的字里行间寻找答案，去探索每一处细节背后的用意。品读文字的过程中，她惊叹于作者缜密的逻辑、精巧细致的安排，并感慨"阅读短篇小说像是打开了一扇门，让思想在另一种语言的世界里飞舞"。几次"读书会"后，Lily 欣喜地告诉笔者"英语短篇小说也可以映射出思想的光芒，英语的魅力再一次点燃了我"。

2. 绽放：在阅读中收获一种无可替代的成就感

如果说我们的"读书会"重新点燃了 Lily 对英语的热爱，那么短篇小说阅读课让她对英语的热爱得到了绽放。短篇小说阅读课上她最喜欢的环节是读后讨论。"一千个读者眼中有一千个哈姆雷特"，学生联系自己的情感、成长经历和生活经验去理解，会得出不同的结论。他们在讨论中积极表达自己的看法，思维相互碰撞，对文章有了更加多元深刻的理解。Lily 在每节课的讨论中积极发表自己的见解，分享自己的观点，"收获的是一种无可替代的成就感"。她在学期末的课程总结里写道："在一篇篇短篇小说中，我看到了作者笔下不同的人物形象；在一个个故事中，我看到了浓缩的世界；在一次次交流讨论中，我看到了思想的光芒。"

3. 教师总结反思

阅读固然重要，但是更重要的是读什么和怎么读。如果教师只是让学生以回答问题、学习语言点为目的去阅读教材，或者以检测为目的让学生完成试卷中的阅读理解，久而久之，学生只会失去对英语阅读的热情。要激发、保持学生对英语学习的兴趣，教师应选择难度适中，原汁原味，主题、语言、写作手法俱佳的经典文学作品，不断丰富、拓展学生的阅读素材。此外，还要有正确的阅读方法，教师要引导学生用"心"去读、去思、去悟，让学生主动地、投入地、感性地与作者和作品交流、碰撞，从而品味文学作品的意境，思考文学作品的主题意义，感受文学作品的魅力。

第三节　课程参与教师发展个案

在英语分级阅读课程化实践中，教师是核心参与者。他们从课程的整体规划、课程目标的确定、教学活动的设计、实施及评价等方面入手，与同伴合作，全程参与分级阅读课程的开发与实施，既转变了原有的教学意识，增强了课程意识，又提升了学科教学能力，促进了自身的专业发展。这一过程中涌现出很多教师及其团队成长的案例，以下分享几个典型案例。

一、春风助我行万里——分级阅读课程助推我校英语学科建设（北京二中向瑞方老师）

我校是北京市示范高中校，在时任校长引领下，针对教材教学内容相对单薄的不足，英语学科于 2012 年开始进行以分级阅读为特色的教学改革。基于当时的学情需求和教学需要突破的情况，我们所做的最大调整是把简化版的课外分级读物替换为未加修改或删减的原版整本书和经典短篇小说。全组英语教师积极参与阅读课程的开发和实施。一开始笔者和同事仅凭自己的阅读喜好和经验给学生列出了若干书单，按照学生的语言水平将文本大致分为三个层级，如高一读 *Charlie and Chocolate Factory* 等儿童文学，高二读 *Tuesdays with Morrie* 等有人生教育意义的作品，高三读短篇小说。这次改革并没有明确的分级目标和评价方法，但教研组教师都认同"阅读是学习语言最好的途径"，大家在不清楚什么是分级阅读的阶段已经开始探索和实践其教学策略。

第一轮分级阅读课改过程中，师生共同面对着一些困难和挑战，如阅读内容的选择困境、阅读教学的落实问题，以及如何能够将教师的阅读教学经验完善并转化为可传承的教学智慧。

2018 年接触到张金秀教授主持的分级阅读课程化课题后，我们找到了解决以上难题的方案——通过建设学校的校本分级阅读课程，以课程元素的视角如"课程目标、课程内容、课程实施、课程评价"等维度梳理和提炼我校特色分级阅读课程体系，并将其有机融合到国家课程教学计划中。笔者带领集团校 25 位年轻教师参与到北京教育学院的分级阅读课程化的课题学习中，一边学习理论知识一边反思和梳理自己现有的经验和问题。在专家团队的帮助下，我们逐渐形成了"课程目标"到"课程评价"需要有一致性的认识。

分级阅读课程的"分级"是如何体现的？团队一起学习麻省课程标准方案和 2017 年版新课标对不同水平能力的要素描述，按照积极阅读者培养的路径和思路，从课程目标开始搭建了三级目标和实施路径，即：基础阅读（培养阅读能力和习惯）、广泛阅读（主动使用阅读策略）、学术阅读（获得学术阅读能力）。相应地，对学生水平的分级也结合新课标的建议描述为"水平一、水平二、水平三",与三级阅读目标相匹配。理念清楚了,实践工作立即开始。

结合专题学习,笔者和三位年级备课组长一起确定了课程体系建设的具体步骤和分工,如笔者负责完成前期调研和课程框架,三位年级备课组长负责组织各自年级教师完成课程内容和实施的梳理整合,文笔好的朱老师负责审核由笔者整合的课程报告,技术强的张老师负责制作图表等。按照分工表,笔者首先对已开展阅读的三个年级的学生进行问卷调查,结合学生的推荐最终确定五本原版书作为课程的核心内容。然后督促各年级围绕这五本书整理出经典的分级阅读教学案例,并提炼出通用的教学模式。在全组教师都参与的分级阅读课程建设过程中,大家感到自己的教学智慧被调动了出来,也逐渐认识到教师不仅是课程的执行者,还可以是创造者;教学的实效性需要系统的课程观来实现。

分级阅读课程化为我校实现区域英语学科优势发展打下了坚实的基础:我校英语分级阅读课程荣获 2021 年北京市首批特色课程,英语教研组获评东城区名学科基地。得益于阅读课程探索过程中的及时梳理,英语教师在教科研方面都形成了突出优势;学生更是获益匪浅,积极阅读者不断涌现,英语高考成绩优异,在大学入学英语分班考试中往往被选入高水平班。这些成果激励着我们继续更新和完善现有的分级阅读课程。接下来,高中英语分级阅读课程化的改进方向主要是"课程评价"的优化和对标,需要进一步实践和研究哪些评价方案有利于课程目标的落实。此外,课程环境的稳定至关重要,如学校的支持和教研组的集体参与。毕竟分级阅读课程化是一个系统工程,需要大家齐心协力。

二、体会分级阅读的魅力，践行积极阅读者的理念（北京市八一学校刘丹老师）

2016 年，笔者第一次接触"英语分级阅读"。不管学生是小学四年级还是初中三年级，笔者都坚定地引领学生进行分级阅读，和他们一起体会分级阅读的魅力，一起成为积极阅读者。

1. 缘起

2016 年，八一学校很荣幸地成为北京教育学院创新项目校，项目主题是"利用蓝思分级阅读体系提升学生英语阅读素养"。在多次专家讲座、研究课的研讨和观摩中，笔者看到同伴的课堂设计充满灵感，学生课上的神情非常兴奋，笔者感受到了分级阅读的魅力，但当时正值初三年级，心中有些疑虑。在一次研讨会后，笔者咨询张金秀教授是否可以在初三年级开展持续默读，张教授很肯定地说："当然可以，东城区有一位高三老师还在坚持持续默读，并有多篇研究提到分级阅读会助力学生学业发展。"张教授坚定的回答让笔者鼓足勇气，开启了分级阅读之门。

2. 渐悟

初三一年的持续默读活动激发了学生的阅读热情，提升了他们的综合语言运用能力，让笔者初步感受到了分级阅读的美好。每天我们利用课上 5 到 10 分钟共读，读完一本分级读物后用阅读圈、表演、续写等多种方式进行分享。每次分享课，黑板上都写满了学生分享的内容。很多学生升入高中后说："我现在自己还坚持持续默读呢！"看到学生经过一年的持续默读已经养成了良好的阅读习惯，笔者感悟到教师坚持推动分级阅读教学的意义。

分级阅读的美好在于持续默读，还在于师生共读整本书。从四

年级的绘本 *Aliens Go Shopping*、五年级的 *Dairy of a Worm*、六年级的 *A Wise Wish* 到初中一年级的短篇章节小说 *Mookie Is Missing*，在每次整本书阅读研究课中，笔者都不断在教学中突破自我。在一次次烧脑的磨课中，专家提出了很多新颖的阅读策略，同伴也给出了十分中肯的改进建议，大家积极构建着全新的分级阅读教学模式，这是一个充满创造力的教学实践共同体。一次次优质的研究课得到了学生和家长的肯定。记得一次研究课后，家长这样说："这几节课的作业精心设计，有层次，有逻辑关系。首先，让学生通过朗读较充分地感知故事内容，之后通过问题启发学生思考故事中的盗猎者是谁，然后让学生依据故事情节展开猜测。学生基于阅读材料主动思考、合理想象，体现了整体阅读整进整出的原则。"

在持续默读和师生共读的教学实践逐步完善后，笔者希望建立分级阅读课程体系，增加每个学年分级阅读的连贯性和递阶性。于是笔者更加广泛地阅读相关理论书籍，从分级阅读、课程理论、读写结合、过程性评价到差异化教学，每次理论学习后，笔者和工作室的伙伴都会分享阅读感受，实践理论，反思总结，然后再优化。在专家和工作室各位老师的引领下，笔者申请了研究子课题"师生共读式中小学英语绘本教学实践研究中的读写素养发展和评价研究"，带领我校小学一年级到初中三年级的十余位教师进行不同年级的分级阅读课程建构，在师生共读、自由泛读能力培养、虚构类及非虚构类绘本教学等方面进行子课题的研究，逐渐梳理出了具有我校特色的分级阅读课程。

3. 内省

有时笔者会自问："在繁忙的班主任工作和备课组长工作之余，我为什么一定要坚持分级阅读？它的魅力在哪里？"答案在每一次阅读课上学生的目光里，在一次次课上课后的阅读分享中：笔者能深刻地感受到分级阅读过程中学生与教师之间以及学生与学生之间的深度倾听、理解和回应的力量。这份力量拉近了彼此的距离，让彼此更加信任，助力了教育教学工作；这份力量激励着学生养成良好的阅读习惯，掌握多元的阅读策略，提升自身的阅读品质；这份力量也推动着我们成为更加优秀的积极阅读者。

三、与生同行——走在成长为积极阅读者的路上（北京学校杨阳老师）

作为一名新手教师刚站上讲台时，笔者最害怕的就是英语阅读课，学生最害怕的似乎也是阅读课。阅读对语言学习至关重要，但学生不知道为何而读，总是提不起兴趣。师生在课上要怎么读才好？教师是否还应该为学生补充阅读材料？带着这些问题，笔者懵懂地开始了自己的阅读教学，但也因此踏上了与学生同行，共同成长为积极阅读者的道路。

在遇到问题的时候，笔者有幸有诸位良师相伴。笔者的师父程岚老师多年来致力于研究英语阅读，设计了人大附中拔尖创新人才早期培养项目英语分级阅读的课程体系。在程岚老师的指导下，笔者认真阅读了王蔷教授、陈则航教授编著的《中国中小学生英语分级阅读标准（实验稿）》和王蔷教授等专家所著的《小学英语分级阅读教学：意义、内涵与途径》。笔者还荣幸地成为北京教育学院外语与国际教育学院青蓝计划一期学员，在张金秀教授、徐国辉老师和各位学员老师的指导下，笔者进一步学习阅读教学、学习者风格、教学法等跟分级阅读教学相关的理论知识。

学习、在课上实践、找出问题、再学习、再实践，笔者找到了入职之初那些问题的答案，慢慢明白了分级阅读的"是什么"和"为什么"，也尝试了一些"怎么办"。阅读素养是人在一生中接触各种阅读材料及在与同伴的相互作用下构建的一种可增长的知识、技能和策略相结合的能力（王蔷、陈则航，2016），包括阅读能力和阅读品格。喜欢阅读、使用好的阅读策略、在阅读中进行意义构建、进行广泛阅读的阅读者就是积极阅读者。阅读素养需要逐步培养，因而有了三阶九段的中国中小学生分级阅读标准，帮助学生在已有的阅读基础上在持续阅读中逐步提高英语素养。课内课外，笔者和学生一同阅读，一开始是笔者帮学生找单元主题相关的阅读内容，组织学生用阅读圈分享阅读收获，后来是学生课下读了好书推荐给笔者，反向给笔者布置英语阅读任务。笔者和一年级、六年级、八年级的学生都参与了区级及以上的阅读公开课，向更大范围内的专家和教师汇报了我们在英语阅读方面的成长。

现在，作为北京学校这所新建校的小学英语教研组长，笔者和英语组教师一起组成成长共同体，共同朝着培养积极阅读者这一目标努力。在这所一贯制的学校里，学生在不同阶段应养成哪些阅读素养？教师应如何帮助学生提升阅读能力和阅读品格？我们阅读相关的理论书籍，并积极聆听专家讲座和阅读课例，学习后在各年级进行实践。

通过学习，我们深知开展分级阅读课程需要有固定的时间、整合的内容资源和灵活的评价。经过一学年的实践，教师对于分级阅读教什么、怎么教不再迷茫，教研组对每个阶段的培养重点和不同能力水平学生的指导要求有了相对清晰的认识。目前已初步形成小学一至六年级分级阅读课程体系，将各年级校内阅读课与单元内容进行整合，注重阅读能力提升和主题意义探究，课下持续默读有推荐书目和阅读分享活动，注重阅读品格培养和阅读氛围营造。新入职教师在此基础上做区级公开课，得到了好评。此外，我们还在徐国辉老师的指导下进一步聚焦小学低、中、高段学习力的提升，改版了阅读记录单和师生共读学案，并在第十一届全国英语自然拼读与分级阅读教学云端研讨会上进行了分享。

在学习实践的过程中，笔者不再害怕阅读课，有疑问到阅读中找答案，有乐趣从阅读中得来；教研组的教师也一起成为积极阅读者，与学校、与学生共同成长，在学习和实践中厘清概念、保持高效、寻找创新，为学生、为自己成为终身阅读者而不断努力！

参考文献

ANDERSON N J, 2014. Developing engaged second language readers[M]// CELCE-MURCIA M, BRINTON D M, SNOW M A. Teaching English as a second or foreign language. Boston: Heinle Cengage Learning: 170-188.

BELL S M, MCCALLUM R S, 2008. Handbook of reading assessment[M]. Boston: Allyn & Bacon Publishers.

BLUESTEIN N A, 2010. Unlocking text features for determining importance in expository text: a strategy for struggling readers[J]. The reading teacher, 63 (7) : 597-600.

CARR E, OGLE D, 1987. KWL plus: a strategy for comprehension and summarization[J]. Journal of reading, 30 (7) : 626-631.

CARVER R P, 1997. Reading for one second, one minute, or one year from the perspective of rauding theory[J]. Scientific studies of reading, 1 (1) : 3-43.

CEES V W, 2012. The active reader: what is active?[J]. Journal of technical writing and communication, 42 (3) : 265-277.

CHALL J S, 1996. Stages of reading development (2nd ed.) [M]. Fort Worth: Harcourt Brace Jovanovic College Publishers.

CHAPPUIS J, STIGGINS R J, 2017. An introduction to student-involved assessment for learning[M]. New York: Pearson.

CIARDIELLO A V, 2000. Student questioning and multidimensional literacy in the 21st century[J]. The educational forum, 64 (3) : 215-222.

CLARIDGE G, 2011. What makes a good graded reader: engaging with graded readers in the context of extensive reading in L2[D]. Wellington: Victoria University of Wellington.

DAY R R, 2013. Creating a successful extensive reading program[J]. TESL reporter, 46 （1 & 2) : 10-20.

DUKE N K, 2000. 3.6 minutes per day: the scarcity of informational texts in first grade[J]. Reading research quarterly, 35 (2) : 202-224.

FECHO B, COOMBS D, MCAULEY S, 2012. Reclaiming literacy classrooms through critical dialogue[J]. Journal of adolescent & adult literacy, 55（6）: 476–482.

FOUNTAS I C, PINNELL G S, 2012. Guided reading: the romance and the reality[J]. The reading teacher, 66（4）: 268–284.

FRANKEL K K, BECKER B L C, ROWE M W, et al., 2016. From what is reading to what is literacy[J]. Journal of education, 196（3）: 7–17.

GALE M R, 2005. Remedial reading instruction: a review of research in decoding[J]. Illinois reading council journal, 33（3）: 23–29.

GLASSWELL K, FORD M P, 2010. Teaching flexibly with leveled texts: more power for your reading block[J]. The reading teacher, 64（1）: 57–60.

HARRIS A J, 1972. Readings on reading instruction[M]. New York: McKay.

INITIATIVE, CCSS, 2010. Common core state standards for English language arts & literacy in history / social studies, science, and technical subjects. Appendix b: text exemplars and sample performance tasks[S]. Washington: Common Core State Standards Initiative.

JACOBS V A, IPPOLITO J, 2015. Improving comprehension of informational texts in the secondary classroom[M]// PARRIS S R, HEADLEY K. Comprehension instruction: research-based best practices. New York: The Guilford Press: 278–290.

KING P M, KITCHENER K S, 2004. Reflective judgment: theory and research on the development of epistemic assumptions through adulthood[J]. Educational psychologist, 39（1）: 5–18.

KRASHEN S D, 2004. The power of reading: insights from the research[M]. Westport: Libraries Unlimited.

LAPP D, MOSS B, GRANT M, et al., 2015. A close look at close reading: teaching students to analyze complex texts[M]. Alexandria: ASCD.

LEMS K, MILLER L D, SORO T M, 2010. Teaching reading to English language learners: insights from linguistics[M]. New York: The Guilford Press.

OECD, 2016. PISA 2018 draft analytical frameworks[EB/OL]. [2018–09–10]. http://www.oecd.org/pisa/pisaproducts/PISA–2018–draft–frameworks.pdf.

OHLSON T, MONROE-OSSI H, PARRIS S R, 2015. Improving comprehension of fictional texts in the secondary classroom[M]// PARRIS S R, HEADLEY K. Comprehension instruction: research-based best practices. New York: The Guilford Press: 266–277.

PANG J, 2008. Research on good and poor reader characteristics: implications for L2 reading research in China[J]. Reading in a foreign language, 20（1）: 1–18.

RUBIN J, 2009. Active reading: amending text to enhance attention and comprehension[J]. Research & teaching in developmental education, 25（2）: 59–67.

SCARBOROUGH H S, 2001. Connecting early language and literacy to later reading (dis)abilities: evidence, theory, and practice[M]. NEUMAN S B, DICKINSON D K. Handbook of early literacy research. New York: The Guilford Press: 97–110.

SCHIEFELE U, 2009. Situational and individual interest[M]// WENTZEL K R, WIGFIELD A. Handbook of motivation at school. New York: Taylor & Francis: 197–222.

SCHMID H J, 2015. A blueprint of the entrenchment-and-conventionalization model[J]. Yearbook of the German cognitive linguistics association, 3（1）: 3–25.

SCHOENBACH R, GREENLEAF C, CZIKO C, et al., 1999. Reading for understanding: a guide to improving reading in middle and high school classrooms[M]. San Francisco: Jossey-Bass Inc.

SNOW C, 2002. Reading for understanding: toward an R&D program in reading comprehension[M]. Santa Monica: RAND Corporation.

STANOVICH K E, 1986. Matthew effects in reading: some consequences of individual differences in the acquisition of literacy[J]. Reading research quarterly, 21（4）: 360–407.

WAN-A-ROM U, 2012. The effects of control for ability level on EFL reading of graded readers[J]. English language teaching, 5（1）: 49-60.

WATERS A, 2006. Thinking and language learning[J]. ELT journal, 60（4）: 319-327.

WIGFIELD A, ECCLES J S, 2000. Expectancy-value theory of achievement motivation[J]. Contemporary education psychology, 25（1）: 68-81.

YOUNG T A, MOSS B, 2006. Nonfiction in the classroom library: a literacy necessity[J]. Childhood education, 82（4）: 207-212.

阿德丽安·吉尔，2017. 阅读力——文学作品的阅读策略 [M]. 岳坤，译. 北京: 接力出版社.

蔡琼，张金秀，2020. 中学英语整本书阅读导读课教学设计策略 [J]. 中小学外语教学（中学篇）（01）: 49-53.

曹晓红，2017. 高中英语课外阅读教学策略探究 [J]. 英语教师（04）: 70-73.

程标，2018. 思维导图在初中英语阅读课中的实践研究[J]. 英语教师（17）: 125-127，132.

程晓堂，2019. 课程改革背景下英语课程资源的开发和使用: 问题与建议 [J]. 课程·教材·教法（03）: 96-101.

高云庆，2002. 校本课程开发: 理念与框架[J]. 兰州大学学报（社会科学版）（03）: 163-168.

葛炳芳，2012. 高中英语阅读教学改进策略的思考 [J]. 课程·教材·教法（02）: 94-98.

贵丽萍，2019. 高中英语阅读教学中自主阅读能力的培养 [J]. 中小学外语教学（中学篇）（06）: 48-52.

郭宝仙，章兼中，2017. 英语学科中思维能力的培养 [J]. 课程·教材·教法（02）: 80-86.

郭华，2018. 深度学习之"深" [J]. 新课程评论（06）: 11-16.

韩宝成，2018. 整体外语教学的理念[J]. 外语教学与研究（04）: 584-595.

韩宝成，梁海英，2019. 整体外语教学的实施路径 [J]. 外语教学与研究（04）：583-595，641.

黄光雄，蔡清田，2017. 核心素养：课程发展与设计新论 [M]. 上海：华东师范大学出版社.

黄远振，兰春寿，黄睿，2014. 为思而教：英语教育价值取向及实施策略 [J]. 课程·教材·教法（04）：63-69.

卡尔·罗杰斯，杰罗姆·弗赖伯格，2015. 自由学习（第 3 版）[M]. 王烨晖，译. 北京：人民邮电出版社.

李静，2020. "整本书阅读连续课时教学"的研究与实践 [J]. 中小学英语教学与研究（06）：6-12，17.

刘道义，2018. 谈英语学科素养：思维品质 [J]. 课程·教材·教法（08）：80-85.

刘晟男，2015. 以导学案和校本作业提升高中英语阅读课堂教学的有效性 [J]. 英语教师（21）：38-40.

路瑾，2019. 英语非故事类文本的阅读教学策略 [J]. 江苏教育（49）：41-43.

陆谊忠，2017. 导学案在高中英语阅读课教学中的运用研究 [J]. 英语教师（11）：113-116.

罗德红，余婧，2013. 美国蓝思分级阅读框架：差异化阅读教学和测评工具 [J]. 现代中小学教育（10）：90-93.

罗祖兵，2017. 深度教学："核心素养"时代教学变革的方向 [J]. 课程·教材·教法（04）：20-26.

梅德明，王蔷，2018. 改什么？如何教？怎样考？：高中英语新课标解析 [M]. 北京：外语教学与研究出版社.

郗利芹，2012. 高中英语阅读教学中导学案的设计与实施 [J]. 教育实践与研究（09-B）：37-39.

单俍，2015. 深度解读文本，培养高阶思维能力 [J]. 中小学英语教学与研究（Z1）：42-45.

寿永明，2007. 课外阅读：促进学生发展的有效途径——论苏霍姆林斯基关于课外阅读指导的思想 [J]. 教育研究（05）：79-82.

束定芳，张立飞，2021. 后"经典"认知语言学：社会转向和实证转向 [J]. 现代外语（03）：420-429.

王策三，1994. 教育主体哲学刍议 [J]. 北京师范大学学报（社会科学版）（04）：80-87.

王初明，2012. 读后续写——提高外语学习效率的一种有效方法 [J]. 外语界（05）：2-7.

王蔷，敖娜仁图雅，2015. 中小学生外语阅读素养的构成及教学启示 [J]. 中国外语教育（01）：16-24.

王蔷，2016. 中小学生阅读素养内涵及其培养 [J]. 英语学习（01）：29-31.

王蔷，陈则航，2016. 中国中小学生英语分级阅读标准（实验稿)[M]. 北京：外语教学与研究出版社 .

王蔷，敖娜仁图雅，罗少茜，等，2017. 小学英语分级阅读教学：意义、内涵与途径 [M]. 北京：外语教学与研究出版社 .

王蔷，2021. 外研社 · 英语分级阅读教学指南 [M]. 北京：外语教学与研究出版社 .

王文静，董奇，2007. 农村小学英语师资匮乏问题的创造性解决方案——现代信息技术在攀登英语学习实验中的应用 [J]. 中国电化教育（12）：77-80.

王文静，裴淼，杜霞，等，2008. 促进教师发展的有效模式研究——以攀登英语学习实验为例 [J]. 中国电化教育（12）：75-79.

王文静，李燕芳，罗良，等，2009. 教育实验的系统设计与实施创新——以攀登英语学习实验为例 [J]. 中国电化教育（1）：16-20.

徐菲，2021. 基于经典短篇小说的高中英语读后续写的教学设计探究 [J]. 英语教师（04），19-22，29.

徐国辉，胡欲晓，刘丹，2020. Book Talk 在中学英语整本书教学中的运用 [J]. 教学与管理（16）：60-63.

徐国辉，2021. 关键英语阅读策略的概念解析、培养原则与评价机制 [J]. 中小学外语教学（中学篇）（06）：7-13.

薛红春，张朝霞，2020. 导学案对初中生英语阅读的影响研究 [J]. 科创文汇（07）：153-156.

杨小洋，2003. 中学生提问能力发展及与其阅读理解能力关系的研究 [D]. 北京：北京师范大学 .

张金秀，2017. 以阅读素养推进中学英语阅读教学改进 [J]. 英语学习（12）：49-53.

张金秀，2018a. 运用分级阅读培养中学生英语阅读素养的实证研究与启示 [J]. 课程 · 教材 · 教法（07）：73-80.

张金秀，2018b. 中学英语书籍阅读策略探析 [J]. 中小学外语教学（中学篇）（08）：1-6.

张金秀，徐国辉，2018. 积极阅读者育人导向下中学英语分级阅读课程化建构 [J]. 中国教育学刊（07）：69-74.

张金秀，2019. 中小学英语整本书阅读的五点主张 [J]. 英语学习（07）：55-57.

张金秀，徐国辉，2020. 小学英语整本书阅读：精品课例选粹（第一辑）[M]. 北京：北京师范大学出版社 .

张静华，2018. 如何借助英美经典短篇小说培养高中学生的思维品质 [J]. 英语教师（16）：35-40.

张琳琳，2019. 基于主题意义探究的英语阅读教学设计 [J]. 中小学外语教学（中学篇）（08）：37-42.

张千，2013. 例谈英美短篇小说作品赏析在高中英语教学中的实践 [J]. 中小学外语教学（中学篇）（10）：34-37.

张文静，辛涛，2012. 阅读投入对阅读素养影响的跨文化比较研究：以 PISA 2009 为例 [J]. 心理发展与教育（02）：175-183.

张雪薇，2017. 英文原版短篇小说在高中英语阅读教学中的应用：以《典范英语》 *Tomb Raiders* 为例 [J]. 英语教师（23）：37-40.

珍妮佛·塞拉瓦洛，2018. 美国学生阅读技能训练 [M]. 刘静，高婧娴，译. 北京：北京科学技术出版社 .

中华人民共和国教育部，2001. 全日制义务教育普通高级中学英语课程标准（实验稿）[S]. 北京：北京师范大学出版社 .

中华人民共和国教育部，2018. 普通高中英语课程标准（2017 年版）[S]. 北京：人民教育出版社 .

中华人民共和国教育部，2020. 普通高中英语课程标准（2017 年版 2020 年修订）[S]. 北京：人民教育出版社 .

钟启泉，2019. 从学习科学看"有效学习"的本质与课题：透视课程理论发展的百年轨迹 [J]. 全球教育展望（01）：23-43.

祝新华，2015. 促进学习的阅读评估 [M]. 北京：人民教育出版社 .